Deserved Criminal Sentences
An Overview

当 代 世 界 学 术 名 著

该当量刑概论

[德] 安德烈亚斯·冯·赫希（Andreas von Hirsch）／著

谭 淦／译

冯 军／审校

中国人民大学出版社
·北京·

关于作者

安德烈亚斯·冯·赫希教授，英国剑桥大学刑事理论与刑法荣誉教授，剑桥大学犯罪学研究所刑罚理论与刑罚伦理中心创始主任，沃尔夫森学院荣誉院士；德国法兰克福大学刑法荣誉教授，法兰克福大学刑法理论与刑法伦理研究中心主任。

冯·赫希教授于 1934 年 7 月 16 日出生于瑞士苏黎世，于 1940 年移居美国，于 1956 年在哈佛大学取得文学学士学位，于 1960 年在哈佛大学取得法学学士学位，于 1988 年获瑞典乌普萨拉（Uppsala）大学荣誉法学博士，随后获得英国剑桥大学、美国哈佛大学法学博士（LLD），于 1971—1974 年担任美国监禁刑研究委员会

执行主席，于 1974—1975 年担任美国纽约州立大学访问助理教授，于 1975—1996 年担任美国罗格斯大学刑事司法教授，于 1996—2008 年担任英国剑桥大学刑事理论教授，自 2008 年起担任德国法兰克福大学刑法理论与刑法伦理研究中心主任至今。其间，曾担任美国明尼苏达、俄勒冈、华盛顿以及加拿大的量刑指导委员会顾问，担任美国参议员查尔斯·E. 古德尔的首席立法顾问（1969—1970 年）。

冯·赫希教授早期的很多论著，署名是安德鲁·冯·赫希（Andrew von Hirsch）。他的研究兴趣，首先在于量刑理论、刑罚哲学及犯罪预防政策的伦理面相。除本书外，有四本专著研究量刑的基本原理：《践行正义》（*Doing Justice*，1976）、《已然之罪与未然之罪》（*Past or Future Crimes*，1986）、《谴责与制裁》（*Censure and Sanctions*，1993），以及《比例量刑论：原则研究》（*Proportionate Sentencing：Exploring the Principles*，2005）[与安德鲁·阿什沃思（Andrew Ashworth）合著]。有两本专著分别研究缓刑和量刑指南：《缓刑问题研究》（*The Question of Parole*，1979）、《量刑指导委员会及其指南》（*The Sentencing Commission and Its Guidelines*，1987）。另有著作研究量刑政策及其可能的遏制效果[与安东尼·博顿斯（Antony Bottoms）等人合著]：《犯罪遏制与量刑严厉性》（*Criminal Deterrence and Sentence Severity*，1999）。他与安德鲁·阿什沃思共同出版了量刑理论与量刑政策的文献：《原则性量刑论》（*Principled Sentencing*，3d ed.，2009）。与尼尔斯·亚雷柏格（Nils Jareborg）合著出版了德文的量刑理论研究著作：《刑罚尺度与刑罚正义》（*Strafmass und Strafgerechtigkeit*，1991），瑞典语的专著是《比例性与刑罚裁量》（*Proportionalitet och Strafbestämning*，2001）。

冯·赫希教授的第二个研究重点是犯罪化问题——何种行为应当受到刑法禁止以及其原因。在这方面，他研究写作了损害与"遥远之损害"（"remote harm"）、行为原则、刑法中的家长主义（paternalism）及相关主题。最近的是与斯迈斯特（A. P. Simester）合作的专著《犯罪、损害与过错：犯罪化原则研究》（*Crimes, Harms and Wrongs：On the Principles of Criminalisation*，2011）。德国刑法语境中的两卷本犯罪化研究文献是与黑·芬迪尔（R. Hefendehl）、沃勒斯（W. Wohlers）共同主编的《法益理论》（*Die Rechtsguttheorie*，2003），与泽曼（K. Seelmann）、沃勒斯（W. Wohlers）共同主编的《中介原则：刑罚证立中的限制性原则》（*Mediating Principles：Begrenzungsprinzipien bei der Strafbegründung*，2006）。

冯·赫希教授的第三个研究重点是犯罪预防中的伦理问题。在这一领域，冯·赫希教授研究了公共场所视频监控的伦理、对公共空间准入的限制，以及定罪引发的民事资格取消等问题。

对于这三个问题——犯罪化、量刑及犯罪预防的伦理，他的相关研究以德文结集出版：《公正、犯罪与刑罚：刑法理论论文集》（*Fairness, Verbrechen und Strafe：Strafrechtstheoretische Abhandlungen*，2005）。

冯·赫希教授是英国剑桥大学犯罪学研究所的刑罚理论及刑罚伦理中心（the Centre for Penal Theory and Penal Ethics at the Institute of Criminology）的创建人。2007 年他被任命为德国法兰克福大学的荣誉教授，是法兰克福大学法学院刑法理论与刑法伦理研究所的主任。

关于本书

一

【学者评论】

所有从事刑罚理论和实务，量刑及一般刑法研究的人，都可以从本书中受益。对于正在寻找该当量刑相关问题及文献的最新发展和简要论述的学生或读者，本书特别有帮助。冯·赫希（von Hirsch）对该当性理论面临的那些最复杂（及尚未解决的）挑战，比如量刑中的前科作用，作了非常清晰易懂的论述。

——朱利安·V. 罗伯茨（Julian V. Roberts），牛津大学法学院，"刑法与刑事司法丛书"（Criminal Law and Criminal Justice Books）

二

【学者评论】

没有人比安德烈亚斯·冯·赫希更适合提出他谦逊地称为概

论的内容，对它更好的描述，应当是"量刑该当模式的权威性展开：从基础到应用"……这是该当性理论的最佳论述。

——苏珊·迪莫克（Susan Dimock），约克大学（University of York），"刑法与刑事司法丛书"（Criminal Law and Criminal Justice Books）

三

【编辑评论】

当今世上最著名的刑法学家、刑罚学家之一提出的关于量刑的终极版概论。

四

【编辑评论】

本书是该当量刑模式最重要的学术代表人物之一，对其作出的简明扼要、体系性的重新阐述。在决定行为人的刑罚严厉性时，该当模式强调行为人犯罪的严重性。近年来刑罚实践及学术讨论中，该当模式的影响越来越大。它解释了量刑为何应当原则上根据犯罪的严重性，在其他主题之中还论述了：如何建构该当性基础上的刑罚方案；如何评估犯罪的严重性及刑罚的严厉性；行为人的前科应当占有多少权重；如何裁量非监禁刑；应当如何权衡其他要素，比如行为人的处遇需要。所有致力于刑罚理论及实践、量刑及一般刑法研究的人，都可以从本书中受益。

五

【编辑评论】

这本小书整合了冯·赫希（及其他人）对该当性理论——应当根据犯罪行为的严重性，按比例裁量刑罚的观念——的许多研究性论文。在数十年来结果主义的、基于危险的及着眼于恢复的量刑后，该当性理论于1970年代开始流行。冯·赫希是该当论的主要支持者之一，在本书中，他梳理了迄今为止的不同论文、著作的章节。这是对阿什沃思（Ashworth）和冯·赫希合著的《比例量刑论》（*Proportionate Sentencing*，2005）一书极具价值的更新。

本书从该当性所得到支持的增长及原因开始。这在很大程度上是一种描述，为后续的各章介绍了重要背景，也有少量的分析，比如，相对于基于犯罪预防的某些结果主义理论，本书认为该当性更能体现公正性。

我最感兴趣的是第五章；冯·赫希处理了基与序的比例性，愿意接受由诺瓦尔·莫里斯（Noval Morris）首先提出的"限制性报应主义"模式（"limiting retributivism" model）的挑战。这一章包含了冯·赫希对此问题的前期研究，更好地论证了他对莫里斯的反对立场。我特别感兴趣的，还有讨论前科的第七章。关于前科在量刑中应当扮演的角色（几乎所有人都同意前科具有某种作用），是一场经久不息的辩论，但仅取得很少的共识。这具有很强的实践意义，尤其是在轻罪案件中，正是前科，而非行为本身，才导致了监禁刑。在这里，冯·赫希否定了自己的先前看法，即前科改变了行为人被据以量刑的当前行为的严重性。这充分说明，本书不是对该当论的简单重述，或者对早先论著的复制粘贴式加工，而是一种全新的、升级的贡献。第九章讨论了混合理论（mixed theories）允许对纯粹该当性的偏离程度。鉴于绝大多数的西方制度采用的是基于报应主义但却含有结果主义要素的方案，这一点或许是该主题最具实践性的要素之一。

这本小册子尤为可取之处在于，它以特别易懂的方式概括和讨论该当性理论。就该当性的学术讨论来说，冯·赫希还作出了另一贡献，即过去五十年来对该当性的讨论和争辩，他作了前所未有的概述。就对刑罚理论感兴趣的任何人来说，本书都将是图书馆中极具价值的补充，我全心全意推荐它。

——林登·哈里斯（Lyndon Harris），《当前量刑实践与刑事上诉报告（量刑）》［*Current Sentencing Practice and the Criminal Appeal Reports（Sentencing）*］总编辑。

作者序

　　本书主题——"量刑的该当模式"，数十年来我为之做了大量的研究和写作。这一模式主张，在裁量刑罚时，应当主要根据被告被定罪行为的严重程度，而非如传统量刑论主张的那样，主要根据量刑对行为人再犯可能性的预期影响。该当模式在1970年代被首次提出时，所激起的关注度远远超出我的估计，直到今天其仍影响广泛。

　　鉴于该当模式受到的持久关注，我认为，很有必要以简明易懂的方式，重新阐释该模式的主要原则。目前还没有一种包含其最新信息且易于掌握的概括性论述。我对该模式的前期研究，散见于各种著作和论文，发表于不同时期不同地点——十余年来它们再没出现过。本书的目标，是再次阐述并解释该当模式的重要主题及基础构想。

致　谢

　　本书的写作，要向很多同事表达谢忱。安德鲁·阿什沃思及朱利安·罗伯茨读过初稿，他们的建议有莫大的帮助。朱利安推荐了非常有天分的年青以色列学者勒陶尔·达甘（Netauel Dagan），他在参考文献方面给了我协助。安东尼奥·马丁斯（Antonio Martins）是我在法兰克福大学的研究助手，娴熟地帮助我审视论证，编辑不同版本的手稿。贝蒂娜·格特克（Betina Gaedke）是我的秘书，高效、耐心地辨识手稿（以及我那难以辨认的大量手写修正痕迹）。

　　2001年我在乌普萨拉大学获得刑法学访问教授位置时，出版了瑞典语版的比较法著作。我为该书撰写了英文版初稿，乌普萨拉大学的同事尼尔斯·亚雷柏格教授慨然费时费心地将其译成瑞典文。这本瑞典语著作的英文初稿，我一直保存，15年后，在写作本书时，我再次用到了它。

　　感谢许多的同事和朋友的指引、建议及支持，在过去的时月里，围绕着该当模式及其证立、标准和含义，我与他们进行了广泛对话。他们包括：（1）在美国［1990 年代中期以前，我在罗格斯大学（Rutgers University）执教时］，戴维·罗斯曼（David Rothman）和希拉·罗斯曼（Sheila Rothman），哈里·卡尔文（Harry Kalven）（已故），马歇尔·科恩（Marshall Cohen），唐·M. 戈特弗雷德森（Don M. Gottfredson），道格拉斯·胡萨克（Douglas Husak），谢尔登·梅辛杰（Sheldon Messinger）（已故），凯·纳普（Kay Knapp），约翰·克莱里希（John Kleinig），朱迪思·格林（Judith Greene）和乌玛·纳拉扬（Uma Narayan）；（2）在英格兰（从 1990 年代中期到 2000 年代末，我在剑桥大学执教时），安德鲁·阿什沃思，安东尼·博顿斯（Anthony Bottoms），朱利安·V. 罗伯茨，马丁·瓦希克（Martin Wasik），露西亚·齐德勒（Lucia Zedner）和安东尼·杜夫（Antony Duff）；（3）在德国（从 2008 年开始，我执教于法兰克福大学），乌尔弗里德·诺伊曼（Ulfrid Neumann），温弗里德·哈斯默尔（Winfried Hassemer）（已故），沃尔夫冈·弗里希（Wolfgang Frisch）及汉斯-约格·阿尔布莱希特（Hans-Jörg Albrecht）；（4）在我重复访问瑞典乌普萨拉大学期间（从 1980 年代早期起），尼尔斯·亚雷柏格，达格·维克托（Dag Victor），彼得·阿斯普（Petter Asp），卡琳·佩尔（Karin Påle），马格努斯·乌旺（Magnus Ulväng）及马丁·博格克（Martin Borgeke）。

特别感谢早稻田大学（东京）的松泽伸（Shin Matsuzawa）教授。他正在日文语境下研究该当模式，需要该理论的英文概述。正是基于他的恳求，我挖掘出了 15 年前自己用英文写成的概述稿，且为此目的而对它进行了修正、更新。正是他，建议我将该英文版本出版，它也被纳入现在这本书中。

目　录

第一章　导论：比例量刑的源起 ················ 1

一、该当模式的兴起 ······················ 2

二、基于比例性的量刑：以瑞典量刑方案为例 ······· 5

三、比例量刑的吸引力 ····················· 7

四、基于预防的量刑是可行的替代方案吗？ ········· 9

五、该当原理的伦理预设 ··················· 12

六、本书的主题 ······················· 14

第二章　量刑比例性概述 ················· 19

一、谴责与刑罚该当 ····················· 19

二、比例性的基本原理 ···················· 22

三、比例性："限制性"，还是"决定性"？ ········· 24

四、犯罪"严重性"与刑罚"严厉性"之评价 ········ 26

五、前科的作用 ······················· 27

六、包含犯罪控制目的吗？ ·················· 28

七、该当性与刑罚趋严? ············ 30

第三章　为何要有刑罚 ············ 32

一、该当论的不同变体 ············ 32

二、基于谴责的刑罚正当性 ············ 34

三、刑罚为何要谴责 ············ 36

四、刑罚为何要有严厉处遇 ············ 40

五、两个要素之间的关系 ············ 44

第四章　为何要比例刑罚 ············ 49

一、贝卡里亚与边沁的遏制论 ············ 50

二、积极的一般预防：抵制——强化论 ············ 51

三、基于谴责的论述 ············ 53

四、谴责论细究 ············ 55

第五章　基与序的比例性 ············ 60

一、序的比例性 ············ 62

二、序的比例性之次要条件：平等性、序的等级排序 ··· 63

三、序的比例性在多大程度上限制了对犯罪预防

考量的依赖? ············ 64

四、基的维度、刑罚制度的锚定 ············ 65

五、对于刑罚结构的定锚有多大的指导作用? ············ 66

第六章　严重性、严厉性及生活标准 ············ 69

一、对犯罪严重性的评价 ············ 69

二、对刑罚严厉性的评价 ············ 74

第七章　前科的作用 ············ 77

一、指向当下行为的解释 ············ 79

二、指向犯罪生涯的解释 ············ 80

三、替代性论述："容忍"、犯罪记录 ············ 82

四、多次前犯? ············ 85

　　五、实体背景与社会背景 ················ 87

　　六、实例：瑞典对再犯的处遇 ············ 88

　　七、前科的严重性及次数 ················ 90

第八章　比例性非监禁制裁 ················ 93

　　一、瓦希克-冯·赫希模式的基本要素 ······ 94

　　二、易科：同等的刑罚痛苦性 ············ 95

　　三、违反要求的后备制裁 ················ 99

第九章　"修正的"该当模式？ ·············· 103

　　一、特殊的偏离 ······················ 104

　　二、"幅的模式" ······················ 109

第十章　该当模式的政治学 ················ 114

　　一、该当模式的政治谱系 ················ 114

　　二、限制严厉性：该当性 vs 刑罚功利主义 ··· 118

　　三、比例性与严厉性提升？ ·············· 124

　　四、"法律与秩序"策略 ················· 126

　　五、关于"潜在弊病"的论证 ·············· 130

　　六、"空心"论 ························ 134

第十一章　对青少年的比例量刑 ············ 136

　　一、概　述 ·························· 136

　　二、可谴责性 ························ 138

　　三、刑罚痛苦性 ······················ 144

　　四、对青少年的特殊"容忍"？ ··········· 147

附录　该当模式的演进——简要年表 ········ 153

参考文献 ···························· 161

主题索引 ···························· 178

译后记 ······························ 191

第一章　导论：比例量刑的源起

在本书中，我希望提供一种量刑理论的概论：在决定被定罪者刑罚的严厉性时，要强调犯罪行为的严重性。这一方案需要基本原理支撑。我在此提出的基本原理（尤其是在英文语境下讨论时），通常称为"该当模式"（desert model）。"该当"（desert），在字面意义上仅仅是"应得的"（which is deserved），行为人该当多重之刑，有各种不同的理由（包括传统的报应论）。我在这里主张的"该当模式"，是一种全新的理论，并非传统的观点；它深远影响了当代的刑罚学，在其最近几十年的演进中，我起到了至关重要的作用。

简言之，这一该当模式包含两个主要因素。首先是决定量刑严厉性的标准，即*比例*原则（principle *proportionality*），根据该原则，量刑的严厉性（severity）应当与被告之罪行的严重性（seriousness）成正当的比例。其次是这一原则预设的基础构想：对被定罪者，

它强调刑罚（因其罪行而）传达*谴责*（*censure*）或非难的作用。

一、该当模式的兴起

〔二〕* 战后英美国家的分析道德哲学文献，为量刑该当论奠定了基础。对于社会、刑罚问题的纯粹工具性思考方式，本书提出了原则性的批评，指出此种方式是如何可以为了集体性社会利益而牺牲个体权利。① 哲学文献同样开始讨论该当性概念，指出它是如何构成了日常道德判断的重要部分。②

1971 年，贵格会（Quaker）资助的美国之友服务委员会（American Friends Service Committee）发表了报告——《为正义而战》③〔*Struggle for Justice*，1972〕，朝着以比例性为基础的现代量刑观念的转向开始了。该报告主张谦抑的比例之刑，反对根据预测理由或恢复理由决定量刑的严厉性。美国之友服务委员会的报告，并未明确地将该当性观念作为其主张的根据；讨论是在随后的论著中发生的，其中有澳大利亚哲学家约翰·克莱里希（John Kleinig）在 1973 年出版的《刑罚与该当》④（*Punishment and Desert*），以及我本人在 1976 年出版的《践行正义：刑罚的选择》⑤（*Doing Justice：The Choice of Punishments*）。此后，

1**

---

* 说明：六角括号内的内容系根据原文表达的意思补充而来。

** 此为原书页码，余同。

① See，eg. Bernard Williams，'A Critique of Utilitarianism' in JJC Smart and B. Williams（eds.），*Utilitarianism：For and Against*（Cambridge，Cambridge University Press，1973）.

② KG Armstrong，'The Retributivist Hits Back'（1961）*Mind* 70，471；H. Morris，'Persons and Punishments'（1968）*Monist* 52，475.

③ American Friends Service Committee，*Struggle for Justice*（New York，Hill and Wang，1972）.

④ J. Kleinig，*Punishment and Desert*（the Hague，Nijhoff，1973）.

⑤ A. von Hirsch，*Doing Justice：The Choice of Punishments*〔New York，Hill and Wang，1976；重印于 1986 年（Boston，Northeastern University Press）〕.

英国、美国、斯堪的纳维亚〔诸国〕和德国的很多学者都参与了这一讨论。⑥ 本书梳理了这些文献以及我本人随后的论著。⑦

    2

现代刑罚理论上，该当量刑概念的历史颇为奇特：它最初几乎被忽略，随后就突然变得特别有影响力。长久以来，实务中法官的量刑在很大程度上都是根据被告之罪行的严重性。几个世纪以来，哲学家们都在争辩报应要〔不要〕作为刑罚的基本原理。但是，在 20 世纪前 60 年的量刑理论中，该当观念渐次消隐；要么遭遇无视，要么被斥为过时、是一种复仇或含糊不明。

不过，在 20 世纪 70 年代的量刑辩论中，该当概念被重新引入，人们开始认为，它远未过时，理应成为量刑正义的核心观念。今天的刑罚学术话语中，该当、比例的量刑观，已然扮演着重要的角色。⑧ 这一理念，同样影响着许多法域的量刑改革，包

---

⑥ 参见本章下文引注——尤其令人注意的是：A. Ashworth, *Sentencing and Criminal Justice*, 6th edn. (Cambridge, Cambridge University Press, 2015) Chs. 4 - 6。

⑦ Particularly A. von Hirsch, *Past or Future Crimes*: *Deservedness and Dangerousness in the Sentencing of Criminals* 〔New Brunswick, New Jersey, Rutgers University Press, 1985; UK edn. 1986 (Manchester, Manchester University Press)〕; A. von Hirsch, *Censure and Sanctions* (Oxford, Oxford University Press, 1993); A. von Hirsch and A. Ashworth, *Proportionate Sentencing*: *Exploring the Principles* (Oxford, Oxford University Press, 2005); and A. von Hirsch, 'Proportionality and the Progressive Loss of Mitigation: Some Further Reflections', in A. von Hirsch and JV Roberts (eds.), *Previous Convictions at Sentencing*: *Theoretical and Applied Perspectives* (Oxford, Hart Publishing, 2010) Ch. 1。还有一种不同的论述，是基于刑罚是一种痛苦观念的该当论，see RA Duff, *Trials and Punishments* (Cambridge, Cambridge University Press, 1986); RA Duff, *Punishment, Communication, and Community* (New York, Oxford University Press, 2001)。对 Duff 版本的该当论的批评，参见 von Hirsch and Ashworth 2005, Ch. 7。

⑧ 对这一发展的最近的总结和分析，see Ashworth 2015, Ch. 4. 对该当模式的最近的强烈批评，See N. Lacey and H. Pickard (2015), 'The Chimera of Proportionality: Institutionalising Limits on Punishment in Contemporary Social and Political Systems' (2015) *Modern Law Review* 78, 216。

括美国的部分州，北欧的芬兰、瑞典，英国⑨，晚近的是以色列。⑩ 在整个西欧以及北美的量刑学术研究中，这一观念也有很大的影响。

当前研究该当性的文献，讨论的是传统报应论所受的两种主要异议。一种异议认为，该当之刑难以理解，因其依赖"以恶报恶"这类隐晦的"形而上学"概念。不过，当代的该当论者，从日常伦理话语的常见逻辑出发，提出了一种更为直接的论述。他们指出，刑罚是表达谴责的实体。比如，刑事罚金与民事罚款（civil monetary sanction）之间的区别通常在于，前者是因犯罪行为而传达对行为人的非难或谴责，后者却并非如此。

因此，为了公正起见，必须根据谴责的内涵分配刑罚。故刑罚的严厉性（以及，由此对行为人的非难程度），应当反映被告之罪行的可谴责程度（严重性）。不均衡之刑，不平等之刑，均非公正之刑，非因其未能以痛苦来恰当地平衡痛苦，而是因其认为犯罪人将受之刑事非难，应当高于或低于犯罪行为的可谴责程度。

另一种异议则是针对报应刑的严厉表相，以及其因苛求"以眼还眼"而明显的复仇特征。当代的该当论者对此的回应是：该

---

⑨　2003 年，英国议会设立量刑指导委员会，由高级法官、法律学者和犯罪学家组成，为量刑的决定提供明确的指导。次年，该机构公布一项"总体原则"（overarching principle），作为主要的指导原则（major Guideline），它实质性地依赖该当性概念。这一规范规定，量刑法庭"必须作出与罪行严重程度相称的量刑"（罪行的严重程度将由犯罪行为造成的损害或危险，以及犯罪人实施犯罪时的可谴责程度来确定）。这一指导原则进一步规定，对犯罪严重性的评估，应当提供监禁刑、社区刑或其他量刑是否适当的说明。See, Sentencing Guidelines Council（England and Wales），*Overarching Principles*：*Seriousness*（London，Sentencing Guidelines Council，2004）；and for fuller discussion，Ashworth 2015，Ch. 4.

⑩　关于以色列以该当性为导向的新量刑法的介绍和分析，see JV Roberts and O. Gazal-Ayal, 'Statutory Sentencing Reform in Israel：Exploring the Sentencing Law of 2012'（2013）*Israel Law Review* 46，455。

当性要施加的痛苦，绝不是要同等于被害人因犯罪行为所受的损害。相反，它所要求的，是刑罚与被告之罪行的严重性符合比例〔原则〕。只要刑罚的等级排序反映了犯罪相对的可谴责程度，则按比例裁定的刑罚并不会提高现有的严厉性等级——实际上是大幅地减轻。⑪

二、基于比例性的量刑：以瑞典量刑方案为例

在第二次世界大战之后的数十年里，瑞典因其对恢复性刑罚的兴趣而闻名于世。事实上，这个国家并未如外国观察者所想的那样走得那么远。基于不确定性处遇（treatment）的量刑，主要适用于特殊类型犯罪人，比如青少年犯、习惯犯。实际上，瑞典刑法典对于量刑的选择并无太多规定。该刑法典确实概括性地提到了恢复（rehabilitation）与遏制（deterrence），但对于法庭在决定量刑时如何落实这些目标，几乎没有给出指示。

在 1970 年代后期，对其建立在处遇基础上的法律和量刑观，瑞典越来越感到失望。其刑法典的既有规定，被认为未能给予法庭选择制裁的足够指引。人们也开始承认，要想取得很好的恢复效果，量刑对此的能力很是有限。进一步的质疑是：根据被告对处遇的预期反应，或根据其将来的犯罪可能性决定刑罚，这是否公正？由此产生了对比例量刑观念的新的兴趣，对与被告罪行之严重程度公正相称的刑事制裁的兴趣。

1977 年，瑞典政府研究委员会发表了报告——《一种新的刑罚体系》⑫（*A New Penal System*），在很大程度上推进了这一新

---

⑪ See more fully, Chs. 5 and 10 below.

⑫ Brottsförebyggande rådet, *Nytt Strafsystem: Idéer och Förslag* (Stockholm, Brottsförebyggande rådet, 1977).

思潮。该报告由法官、刑法学者组成的工作小组起草，强调比例量刑及限制量刑裁量（limiting sentencing discretion）的观念。这些议题后来被称为"新古典主义"（neoclassical）。几年之后，颇有影响的论文集《刑罚与正义》（*Punishment and Justice*）（1980 年出版）对其进行了回应。⑬

瑞典改革者们取得的第一个成功，是废除不确定性量刑的运动。他们声称，我们既无能力精准识别那些身具长期危险之人，也无能力来应对这些措施预设的那些人。1979 年，对青少年犯的不确定性监禁（confinement）被取消；两年后，成年人再犯的长期"禁闭"（long-term internment）也被取消。

接下来，亦是最关键一步，是要处理刑法典中的一般量刑条款。1979 年，瑞典司法部长任命一个由法官、法学家及犯罪学家组成的监禁刑委员会（the Fängelsestraffkommittén）。约 10 年之后，该委员会的报告在 1986 年发表。⑭ 在它的各项建议之中，该报告提议降低大量犯罪的法定最高刑，扩大单元性罚金制度（unit-fines system）〔按被告的部分性收入（fractions of defendant's earnings）计算罚金〕的适用，并修改假释规则。不过，它最令人瞩目的提案是对量刑选择的指导原则。该委员会提出，在刑法典中增设解决量刑的两个全新章节。这些建议被瑞典立法机关在 1988 年采纳，写入了刑法典第二十九章和第三十章，并于次年生效。

这些新的刑法条款，是为了强调量刑的比例性而设定。它们使量刑的严厉性主要取决于被告之罪行的"刑罚值"（penal val-

---

⑬ S. Heckscher, et al. (eds.), *Straff och rättfärdighet: Ny nordisk debatt* (Stockholm, Norstedts, 1980).

⑭ Fängelsestraffkommittén, *Påföljd för Brott* (Stockholm, Stadens Offentlige Utredningar, 1986) 14.

ue）（也即严重性）。⑮ 根据法律，刑罚值的确定，应当根据犯罪行为的损害程度，以及行为人实施行为时的可谴责程度。⑯ 刑法典中规定了加重与减轻情节⑰，基本上是指加重或减轻了被告之行为的客观损害或可谴责性的特别情形。监禁刑主要适用于两种情形：犯罪行为的刑罚值（严重性）高；或者，刑罚值虽然处于中等程度，但行为人累积了大量前科记录。自 1988 年该法颁布以来，其法律结构基本保持不变。

瑞典量刑法在很大程度上受到于 1976 年生效的芬兰量刑法影响⑱，后者比瑞典量刑法早了十几年：根据芬兰的法律，量刑应当与行为的损害以及行为人透过行为表现出的可谴责性具有"正当的比例"（just proportion）。在决定量刑的严厉性时，要在很大程度上排除对预测和恢复的考量。芬兰量刑法对于决定比例量刑的步骤的规定，不如瑞典量刑法的规定那样完整，但是，对 *6* 比例性的强调是相似的。

三、比例量刑的吸引力

如果说，比例主义对量刑最近产生了这般的影响，那么，是什么使其有如此这般的魅力？其魅力之一在于，它为实践提供了更好指引：关于一名被定罪的被告大体上应得多重之刑，它清楚给出了确定的方法。传统预防性（量刑）方案基本上未能给出这样的指示。比如，1989 年以前的瑞典刑法典规定，量刑的决定应

---

⑮ 《瑞典刑法典》第二十九章、第三十章。

⑯ 《瑞典刑法典》第二十九章第一节。

⑰ 《瑞典刑法典》第二十九章第二节、第三节。

⑱ 这方面的规范，规定在芬兰刑法典第六章。对该法的分析，see T. Lappi-Seppälä, 'Penal Policy in Scandinavia', in M Tonry（ed.）, *Crime, Punishment, and Politics in a Comparative Perspective. Crime and Justice*（Chicago, Chicago University Press，2007）Vol. 36。

当有助于促成对法律的普遍遵守，推动被告的恢复。[19] 但是，法庭要如何实现此种目标，是远不清楚的，尤其是考虑到缺少有效的处遇，以及促进一般守法与特定个案量刑之间的微妙联系。

基于该当性的量刑模式，能够更好地指引法官量刑：应当首先考量犯罪及犯罪人的何种特征，它可以给出这方面的建议，并帮助判断这些因素在量刑时应当具有的相对权重。它将行为的严重性作为选择量刑时的首要决定因素。它提供了刑罚等级排序及相互对比的原则，即下文讨论的序的比例性原则（参见第五章）。它指出了行为人的前科应当被给予多少权重（仅具有限的权重）（参见第七章）。

比例主义方案的另一魅力，在于它对公正的强调。以预防为导向的传统量刑理论，即便其自称是人道的，也主要是关注工具性考量：何种量刑策略能更好地保护*我们*免受*他们*（潜在犯罪人）的损害。此种工具主义具有导致结果不公正之危险：如果主要的目的在于预防，则为达致该目的，为何不采取任何可能的有效手段？即便是在刑罚恢复主义的全盛时期，恢复性量刑被认为是在维护被告人利益、保护公众，这一潜在的不公正也是显而易见的——出于治疗的目的而适用不确定的长期监禁就是证据。当预防目的从恢复转向遏制、隔离，预防导向的量刑，其潜在的武断性就越来越明显，比如，为了达到上述目的，有可能裁定不合比例的长期监禁刑。

该当性的基本原理及其支持的比例原则，使公正观念成为量刑决定中的核心角色。根据这一说法，量刑的比例性植根于如下理念：刑罚传达的刑事谴责，应当公正反映被告之罪行应受谴责的程度——损害程度和可谴责程度（参见第四章）。刑事政策究

---

[19] 参见瑞典旧刑法典第一章第七节。

竟应当倾向于社会利益还是行为人利益？上述观念有助于缓解在此问题上的紧张。在该当性理论中，对社会利益的表达，是将典型犯罪（比如暴力犯罪、诈欺犯罪）识别为一种"过错"（wrong），通过刑事制裁传达的对它的公众谴责就是明证。对个体利益的保护，在于个体有权不承受在严厉性上超出其行为可谴责程度的刑罚，即便更严厉量刑的预防效果可能会更好。

一些批评者认为，基于该当性的刑罚，是向"以眼还眼"式的传统同态复仇观念的回归。事实绝非如此。该当性的基本原理植根于比例性理念，并非损害之间的平衡：刑罚要施加的痛苦，无须与被害人因犯罪而遭受的损害相等。只要刑罚是按犯罪的严重性分级排列，大幅降低整体刑罚水准也是允许的——事实上，也是可欲的（参见第五章）。

四、基于预防的量刑是可行的替代方案吗？

比例量刑的替代方案之一，是预防导向的量刑方案。按照它的要求，量刑的决定要能最大化（或优化）遏制、恢复或隔离的效果。但是，当比例主义在 1970 年代出现时，预防导向的量刑方案的可行性，正在遭受越来越大的怀疑，这种怀疑的论调，我认为今天仍然存在。[20]

刑事制裁实体（institution）到底为何应当存在？一个重要理由在于，它有助于预防犯罪。正如后续各章所述，该当模式所依赖的，是犯罪预防及对犯罪行为的谴责成为刑罚制度的双重（且相互的）正当性（参见第三章）。但是，量刑政策要解决的问题，不是刑罚是否应当存在，而是行为人被判定的不同之罪应当

8

---

[20] 最近的关于犯罪预防目的在量刑理论中的作用的讨论，see A. Ashworth and L. Zedner, *Preventive Justice*（New York，Oxford University Press，2014）。

受到多重（*how much*）之刑。犯罪预防为主的量刑政策，要求我们拥有对边际（*marginal*）预防效果的足够知识：如果裁定较重之刑 X，而非较轻之刑 Y，因此而更多防止的犯罪有多少？这样的知识基本上是不存在的。

再来讨论恢复（rehabilitation）。在一段时间里，美国一些犯罪学家中流行着这样的说法：它"完全没用"（"nothing works"）——在减少行为人的再犯上，恢复方案事实上从未成功。[21] 这有些言过其实：根据报道，针对特定类型罪犯的某些处遇，获得了某些成功。[22] 但是，对于（例如）汽车盗窃、入室盗窃、抢劫等常见案件，未曾听见有过普遍性的"治愈"（cure）。处遇虽可以起到一定作用，但不能成为量刑理论、政策的主要依据。[23]

接下来讨论一般遏制（general deterrence）。当不可罚的行为被赋予了可罚性时，就可以看到一般遏制的效果：英国有个著名的例子，是在 1960 年代"酒驾"被犯罪化。当"酒驾"被禁止且具有了刑事可罚性时，守法的市民就会倾向于避免该行为。但是，在量刑政策中，重点不在于此种初始遏制，而在于边际遏制：改变已然可罚行为的刑罚等级，可以实现多少额外的（*extra*）预防。因此，这里相关的边际预防效果类型，不是"确定性"效

9

---

[21]　Particularly R. Martinson, 'What Works? —Questions and Answers about Prison Reform' (1974) *Public Interest* 35, 25.

[22]　See, eg., AE Bottoms and A. von Hirsch, 'The Crime-Preventive Impact of Penal Sanctions', in P. Cane and HM Kritzer (eds.), *The Oxford Handbook of Empirical Legal Studies* (Oxford, Oxford University Press, 2010) 107 – 13.

[23]　但是，关于处遇方案（treatment strategies）的成功前景，持乐观态度的见解，see FT Cullen and KE Gilbert (2012), *Reaffirming Rehabilitation*, 2nd edn. (London, Routledge, 2012); see also C. Slobogin, 'Prevention as the Primary Goal of Sentencing: The Modern Case for Interdeterminate Dispositions in Criminal Cases' (2011) *San Diego Law Review* 48, 1127.

果（"certainty" effects）（因提高逮捕、定罪的可能性而实现的额外遏制），而是"严厉性"效果（"severity" effects）——通过提高被定罪者的刑罚严厉程度所实现的边际遏制。

虽然存在一定的初步证据，表明"确定性"会影响犯罪率，但是，"严厉性"效果的相关证据要薄弱得多。关于遏制的最近研究，与先前的一样，都未能揭示严厉等级（比如监禁期限）与犯罪率之间具有显著的、一致的关联性。[24] 行为人有多么了解刑罚等级的变化，人们也所知甚少。为了显著提升遏制的效果，是否裁定刑罚、裁定多重之刑，现有的数据未能证实这类干预的有效性。[25]

如何评价隔离（incapacitation）？何种罪犯可能再犯，是大致可以粗略预测的，很多年来都是如此。看起来，它可以为基于比例性的量刑提供切实可行的替代方案：根据行为人显露的再犯风险调整量刑。这样的方案已经出现了，最有名的是在 1980 年代初期，由美国一些保守的刑法学者提出的"选择性隔离"（selective incapacitation）方案。[26] 但是，犯罪预防最终关系到的是加害（victimisation）的*净（net）*风险减少。市民遭受其他抢劫犯侵

10

---

[24] Bottoms and von Hirsch 2010，Ch. 4，98 - 106.

[25] Ibid；CM Webster and AN Doob, 'Searching for Sasquatch: Deterrence of Crime through Sentence Severity', in J. Petersilia and KR Reitz（eds.）, *The Oxford Handbook of Sentencing and Corrections*（New York, Oxford University Press, 2012）；B. Jacobs and A. Piquero, 'Boundary-Crossing in Perceptual Deterrence'（2013）*International Journal of Offender Therapy and Comparative Criminology* 57, 792；R. Apel, 'Sanctions, Perceptions, and Crime: Implications for Criminal Deterrence'（2013）*Journal of Quantitative Criminology* 29, 67.

[26] PW Greenwood, *Selective Incapacitation*（Santa Monica, California, RAND Corporation, 1982）；JQ Wilson, *Thinking about Crime*, revised edn.（New York, Basic Books, 1983）Ch. 8；see also Virginia's prediction-based sentencing guidelines, discussed in RS Frase, *Just Sentencing: Principles and Procedures for a Workable System*（New York, Oxford University Press, 2013）166.

害的一般可能性，如果仍旧维持不变，很难让其确信被定罪的特定抢劫犯不会再去抢劫。

尽管仍有支持者还在主张，但从选择性隔离对犯罪率的净影响来判断，它并未取得明显的效果。1986 年美国国家科学院发表的一份报告表明，选择性隔离的预防效果相当不好，人们对它的热情从此开始消退。[27]

基于预防的量刑方案，除了这些很难补救的有效性问题，还存在公正方面的缺陷：它导致的量刑，与刑罚的谴责含义不一致。对行为人的刑罚越严厉，对他的谴责也就越多。根据比例主义方案，仅当其罪行更恶劣（worse）——比如，可谴责性更强时，才允许这样做。但是，基于预防的量刑理论，在很大程度上是根据隐秘不明的因素（ulterior factors）决定量刑的量：行为人对处遇的潜在反应，量刑对他人犯罪倾向的可能影响，或可以据以预测其将来再犯的、行为人的其他各种事实。正是对正义的这方面担忧，从根本上说，有利于比例主义的量刑。[28]

五、该当原理的伦理预设

本书概述的比例主义量刑原理，依赖一定的伦理预设，需要
11　在此阐明。

---

[27]　National Academy of Sciences, Panel on Research on Criminal Careers, 'Criminal Careers and "Career Criminals"'（edited by A. Blumstein, J. Cohen, J. Roth and C. Visher）（Washington DC, National Academies of Sciences Press, 1986）Vol. 1; see also von Hirsch 1985, Chs. 9 - 12；最近的是：MB Perez and R. Argueta, 'Selective Incapacitation', in J. Albanese（ed.）, *The Encyclopedia of Criminology and Criminal Justice*（New Jersey, Wiley, 2014）；see also Bottoms and von Hirsch 2010, 113 - 20。

[28]　关于预测性量刑进一步的伦理瑕疵——比如，关于不当归类：大量被归类到高度危险（且因此而受到更严厉量刑）的那些人，实际上并未发现再犯，他们仍然享有自由。See von Hirsch 1985, Chs. 9 and 11.

首先要假定的是，量刑中的正义要求应当实质性地限制对犯罪预防的追求。这一设想与传统量刑政策〔所依据〕的观念背道而驰。普遍认为，一旦行为人受到公正的审判和定罪，正义的要求基本上就得到了满足。此后，应当转而关注犯罪预防。刑罚学者主要关注的，正是何种预防方案能够最大〔限度〕地促进公共安全。

这一正义至上的假定，改变了量刑理论的焦点。一种量刑理念，不能仅仅诉诸其可能的犯罪预防效果就得到证立：必须思考该方案是否公正、为何是公正的。本书对量刑比例性的论证，主要根据的是，它是决定刑罚轻重的一种公正（*fair*）的方式。

其次要假定的是，刑罚反应的形式，应当将被定罪者作为*道德行动者**（*moral agent*）——能够反思其行为妥适性之人来对待。该当模式强调谴责是比例性要求的基础（比如，特别参见第四章），其预设的前提，在于刑罚的如下作用：与潜在犯罪人的是非感对话，并赋予其机会，〔使其〕作为一个能够评价自身行为妥适性的道德行动者来作出反应。因此，仅仅是为了试图约束或恐吓行为人以使其服从，或者，主要是为了改变他人的行为而惩罚行为人，这样的刑罚反应是可疑的。

再次要假定的是，在干预被定罪者的生活时，国家应当保持自我克制。在制定量刑政策时，国家有责任解释为何是拟定程度

---

* 一个道德行动者是"一个能够根据'对'与'错'来行为的人"。哲学意义上的行动者（agent），指实施一个行为的人或物，能动性（agency）是指实施该行为的能力。也就是说，行动者即是拥有能动性的人。道德行动者能够根据其他道德行动者的行为作出反应。与此相应，他们要对其本人的行为承担责任，承受谴责或赞美。成年人就是道德行动者的范例。道德行动者的相对面，是道德容受体（moral patients）：缺乏理性的人，不能被要求对本人的行为负责。Nicholas Bunnin and Jiyuan Yu, *The Blackwell Dictionary of Western Philosophy* (Blackwell Publishing，2004) pp. 443，444.——译者注

的刑罚，而非更轻之刑。〔对〕严厉之刑应当承担尤为重大的证立责任。

最后要假定的是，量刑政策应当服从法治原则。指导量刑选择的法律条款应当明确规定，在选择量刑时应当适用何种刑罚规范。那些规范可能是概括性规定，从而给个案留出解释的空间及合理的裁量余地。但是，任由法官个人来决定应当追求何种目标、裁定多重之刑，这般完全（或主要是）任意的量刑方案，在 *12* 法治的刑罚体系中绝不应当存在。

六、本书的主题

本书力图呈现对该当模式的简洁、系统的论述。很多主题来自安德鲁·阿什沃思和我在 2005 年出版的《比例量刑论》一书，它们构成了我们对该原理最新的深入讨论。[29] 但是，眼前这本书另外还反映了我对某些问题后续的思考。

随后一章（第二章），从比例主义量刑的视角描述了该当性理论的主要原则，旨在让读者获得对这一量刑理论的整体印象，以更好理解随后对个别问题的讨论。

随后六章完整论述了比例主义量刑原理的不同面向，涵盖以下主题：

——刑事制裁存在的基本原理（第三章）。该章特别讨论了刑事谴责在刑罚中的作用及正当性。

——量刑比例原则的基本原理（第四章）。比例性看来是刑罚正义的常识要求，但其支撑理由仍需明确阐明。该章提出的基本原理，将比例性与刑事谴责观念联系起来。

——比例原则的特征（第五章）。即使量刑比例性被假定是

---

[29]　von Hirsch and Ashworth 2005.

一种正义要求，仍然存在的问题是，该原则是如何（以及在多大程度上）帮助对量刑选择的指导。这一原则，是否仅对可容许程度的刑罚设定了宽泛的外部限制，实质上却根据隐秘不明的理由（尤其是犯罪预防）决定〔对〕特定行为人的量刑？或者，它是否对刑罚的等级和尺度提出了更具体的要求？有观点认为，该原则的确对后者提出了要求：主张*序的*（*ordinal*）比例性限制，即对刑罚之间的等级排序提出明确要求。但是，就刑罚制度的整体宽严程度而言，刑罚该当性理论给出的指示很少——尽管某些原则可以被确认，即关于维持刑罚的适当程度的原则。

——评价犯罪的严重性、权衡刑罚的严厉性（第六章）。比例原则要求犯罪的*严重性*应当决定刑罚的*严厉性*。由此产生的问题是，应当如何分别评价犯罪的严重性和刑罚的严厉性。该章主张使用"生活标准"（living standard）这一概念来判断犯罪严重性中的损害要素，并用它来评价各种刑罚的相对严厉性。

——前科在决定量刑时的权重（第七章）。绝大多数量刑制度都会因前科记录而对行为人从重量刑。从量刑的隔离理论出发，这看来太好理解了：行为人的前科记录是很有用的再犯预测因子。但是，根据该当性的基本原理，这一问题看起来要令人困惑得多：既然行为人已经因先前的犯行受到过刑罚，前罪记录怎能影响到行为人对当前犯行应受刑罚的轻重？该章要赞成的是，在对行为人量刑时，根据其前科进行有限的调整。该章还将提出一种"容忍理论"（"tolerance theory"），用以表明如此调整为何是与刑罚该当性理论相一致的。

——比例的非监禁刑（第八章）。〔对〕监禁刑的裁量，可以通过其持续的期限相互对比。但是，非监禁刑的衡量看起来要难得多，因为非监禁刑影响到的是不同的利益。比如，罚金刑（影响被告的收入来源）的严厉性如何能与缓刑（影响被告的行动自由）的严厉性对比？该章将提出一种方法，可以对非监禁刑进行比较和衡量。

——接下来将讨论一种"修正的"该当模式（第九章）。该章提到的方案，原则上是根据该当性考量，尽管如此，它仍会允许对比例限制的有限偏离，为犯罪预防或其他目的提供一定的额外空间。

——下一章将讨论量刑背后的政治概念（第十章）。该章要描绘该当模式的基本政治预设（广义的自由主义——在该术语的公民自由的意义上），比例主义量刑原理对刑罚宽严趋势的影响，以及"法律与秩序"（"law and order"）加诸量刑的性质（和危害）。

——最后讨论该当模式对青少年司法的可适用性（第十一章）。传统上，青少年司法是恢复论特别有影响力的领域。但是，该当论者已经在开始描绘，该当性考量要如何适用于青少年犯，以及为了该目的，应当对成年人的该当模式作出何种调整。

我不会在本书中详细讨论的一个重要问题，是量刑指南或量刑准则。量刑应当实现何种目的？对此，传统的恢复性量刑理念赞成赋予法官个人宽泛的裁量权。不过，那样的方案允许显著的量刑差异，因为法官个人是根据不同理由来裁定相似案件的。

该当模式在 1970 年代出现时，其拥护者（包括我本人）都赞成明确的量刑指南，以帮助确保法官在决定量刑时，该当性原理会得到适用，且是一致的适用。[30] 在美国随后的讨论中，人们

---

[30]　See eg. von Hirsch 1976，Ch. 12.

建议的量刑准则，倾向于采取数字指南形式：一种数字表格，根据行为人行为的严重性，以及前科的频次、轻重，表明不同严厉程度的推荐量刑。明尼苏达州的量刑指南就采取了该种形式，它是受该当论影响的首批量刑指南方案之一。[31] 但是，在欧洲，几乎没人对这样的一种数字方案感兴趣。〔在欧洲，〕对量刑的指导，是通过明确的法定指导原则实现的（比如在瑞典、芬兰就是如此），由法庭在个案中适用。[32] 关于不同形式的量刑准则及相应的功绩作用（merits），已有大量的研究文献。[33]

　　关于量刑的各种指导技术，我没有在本书中详细讨论，因为我开始认为，在不同的法域，根据量刑制度的历史、传统及结构，有不同的指导模式可能是合适的。该问题也太过技术化，并不适宜在此讨论。对此感兴趣的人，可以查阅围绕其展开的众多文献。[34]

15

---

[31]　See eg. A. von Hirsch，K. Knapp and M. Tonry，*The Sentencing Commission and Its Guidelines*（Boston，Northeastern University Press，1987）；Frase 2013，Ch. 3.

[32]　关于瑞典方法的描述，see，eg. N. Jareborg，'The Swedish Sentencing Reform'，in C. Clarkson and R. Morgan（eds.），*The Politics of Sentencing Reform*（Oxford，Oxford University Press，1995）。英格兰量刑指南采取的形式，是司法监管机构——量刑指导委员会制定的量刑原则。See A. Ashworth and JV Roberts（eds.），*Sentencing Guidelines：Exploring the English Model*（Oxford，Oxford University Press，2013）.

[33]　迈克尔·托里（Michael Tonry）在美国，安德鲁·阿什沃思、朱利安·罗伯茨和马丁·瓦希克在英国，尼尔斯·亚雷柏格、达格·维克托（Dag Victor）和马克·博格克（Martin Borgeke）在瑞典，塔皮奥·拉皮·斯帕拉（Tapio Lappi-Seppälä）在芬兰，进行了这样的讨论。其中的某些文献，see，eg. von Hirsch，Knapp and Tonry 1987；M. Wasik and K. Pease（eds.），*Sentencing Reform：Guidance or Guidelines？*（Manchester，Manchester University Press，1987）；A. Ashworth，'Sentencing Guidelines and the Sentencing Council'（2010）*Criminal Law Review* 389；Ashworth and Roberts 2013；and Frase 2013.

[34]　Ibid.

* * *

本书将该当模式作为统一性理论（unified theory）来讨论，以提供对它的简洁概述。不过，该当模式是许多人在很长时间里经由无数努力才发展而成的。本书在附录中描述了该理论的发展历程及相关贡献人士。

16

第二章 量刑比例性概述

本章中，我将概括性地描述该当模式的基本原则及支撑理由。随后的各章，将全面讨论这些问题。

一、谴责与刑罚该当

关于报应刑或该当刑，存在不同版本的论述：从直觉主义理论①（intuitionalist theories），到"以恶报恶"的同态复仇观，再到将刑罚视为对行为人通过选择犯罪所获"不正当利益"的剥夺观念。② 但是，本书要讨论的该当性基础之上的观念，是根据不同的论述：一种强调刑罚的传达特征（communicative feature）

---

① See, eg., M Moore, *Placing Blame：A General Theory of Criminal Law* (Oxford，Clarendon Press，1997) Chs. 3 and 4.

② See M. Davis, 'How to Make the Punishment Fit the Crime' (1983) *Ethics* 93，726. 对 Davis 理论的批评，see A. von Hirsch, *Censure and Sanctions* (Oxford，Oxford University Press，1993) 7 - 8。

的论述。

刑事制裁要表达谴责：刑事惩罚所包含的〔内容〕，是因为
某人犯了某个错误（a wrong），正是在此前提下，用一种能传达
出是因其错行（wrongdoing）才对其表示非难的方式，来对这个
人做出某种不快的事情。将行为人作为一个做了错事的人
（wrongdoer）来对待，对于刑罚的观念来说非常重要。比如，税
收与罚金之间的区别，并非在于物质剥夺——这两种情况下都是
〔剥夺〕金钱，而是基于如下事实：在罚金中是以一种表达了对
行为人的非难的方式取走金钱，税收并不必定有非难的意味。③

将行为作为过错（wrong）来对待，这样的刑罚——即是说，
并非"中性的"（"neutral"）刑罚——具有两种重要的规范功能，
不能简化为犯罪预防。④ 其一是对被侵害权利的重要性予以承认。
刑罚的谴责要向被害人传达的认知是，他们被犯罪行为*有过错地
对待（be wronged）*，其合理、应当的权利被侵犯。谴责的另一功
能（并且，仍然是非常重要的），是将行为人作为道德行动者来
对话。这一传达论（communicative perspective）认为，一个人类

17

③ 在讨论刑罚时将谴责作为其本质特征，早期在这方面较有影响力的，see
J. Feinberg, *Doing and Deserving* (Princeton, Princeton University Press, 1970)
Ch. 5; R. Wasserstrom, *Philosophy and Social Issues*: *Five Studies* (Notre Dame,
Indiana, University of Notre Dame Press, 1980)。

④ 关于谴责（censure）这一作用的观点，其提出是在：A. von Hirsch, *Past or
Future Crimes*: *Deservedness and Dangerousness in the Sentencing of Criminals* [New
Brunswick, New Jersey, Rutgers University Press; United Kingdom edn. 1986 (Man-
chester, Manchester University Press, 1985)] Ch. 4; von Hirsch 1993, Ch. 2; see
also U. Narayan, 'Adequate Responses and Preventive Benefits: Justifying Censure and
Hard Treatment in Legal Punishment' (1993) *Oxford Journal of Legal Studies* 13,
166。进一步的讨论，see AE Bottoms, 'Five Puzzles in von Hirsch's Theory', in
A. Ashworth and M Wasik (eds.), *Fundamentals of Sentencing Theory*: *Essays in
Honour of Andrew von Hirsch* (Oxford, Oxford University Press, 1998) 77 – 95,
and A. von Hirsch and A. Ashworth, *Proportionate Sentencing*: *Exploring the Princi-
ples* (Oxford, Oxford University Press, 2005) Ch. 2。

行动者（human actor）应当被作为一个能够（除非精神错乱）评价自身行为妥适性的人来对待。一种包含了谴责的、针对犯罪行为的反应，给了行为人以机会，以一种对于能够进行道德思考的行动者来说显得恰当的方式进行回应：承认行为的过错性（wrongfulness）且努力在将来放弃——或者，提供其行为事实上没错（wrong）的解释。一种纯粹"中性的"、不包含谴责的刑罚（即使预防犯罪的效果并不差），其所否认的，正是对人之道德行动者地位的此种承认。一种中性的刑罚，视犯罪人、潜在犯罪人如危险野兽一般——仅需束缚、恐吓即可使其驯服的生物（完整的讨论，参见下文第三章）。

依赖此种谴责观，有助于消除刑罚该当性判断中的某些神秘表相。谴责或责备，包含了适用于各种社会背景的日常规范判断，刑罚仅是其中之一。这一论述同样有助于回应针对报应刑论的另一传统异议，即报应刑论呈现出的严酷性——它明显是在主张"以眼还眼"。只要"以恶报恶"不再被认为是其隐藏的思想，该当论就并非在要求行为人遭受同等于其加诸被害人的痛苦。相反，它要求的是与犯罪行为的严重性成*比例的*（*proportionate*）刑罚。即使不包含损害抵偿，仅根据可谴责程度，比例刑也足以传达出对不同犯罪的非难。事实上，该当性刑罚理论支持实质性地*降低*（*reduction*）现有的刑罚水准，下文会对此解释（第四章）。

刑罚传达非难，但却是通过一种特殊的方式——对行为人施加剥夺（"严厉处遇"）。严厉处遇（hard treatment）是谴责被传达的载体工具。但是，为什么使用此种载体，而不是以纯粹象征性的方式？

刑罚实体（institution）——通过施加刑事剥夺（penal deprivation），而不是纯粹的谴责来传达非难——的存在理由，与要

18

将掠夺行为（predatory behaviour）保持在可容忍的限度内有关。如果刑事制裁对预防犯罪没有用处，就没有必要对犯罪人施加剥夺。相反，如果那样的掠夺行为出现了，我们可能就会试图构想其他形式，以发动权威性的非难判断。但是，为了将国家施加的剥夺降到最低限度，那些判断不再必须与刑事剥夺的目的性施加联系起来（详细论述，参见第三章）。

刑事制裁的目的，如果在于预防犯罪及谴责，那么，它要如何与将犯罪人、潜在犯罪人作为道德行动者来对待相一致？在我看来，刑罚中的严厉处遇，对于那些没有受到刑事制裁的规范命令充分驱动的人来说，提供了一种服从的审慎理由（prudential reason）。但是，这应当是*补充性*（*supplement*）理由，并非取代刑事制裁传达的放弃犯罪的道德性理由（moral reason）——也就是说，对于那些被认为有能力认知法律的道德要求但却无论如何都想违反的人，它提供了服从的*额外*（*additional*）理由。因此，刑法对话的对象，是*我们自己*（*ourselves*），不是那些被认为没有能力理解道德要求的人所组成的独特"犯罪阶层"（"criminal class"）。它与我们对话时，既不像是在面对完美的道德行动者（我们不是天使），也不像是在面对只能用威胁来驯服的野兽。相反，刑法与我们对话时，是将我们视为道德的、但却容易犯错的行动者，它可能也需要审慎地引导，以帮助我们抵制犯罪的诱惑（详细的论述，参见第三章）。但是，这种观点（下文第五章讨论）要求刑罚的整体严厉性保持适中的（moderate）水准。刑罚制度越是严厉，被视为彰显道德诉求而非纯粹威胁体系的可能性就越低。

二、比例性的基本原理

在量刑政策中，比例性一直发挥着最低限度的作用：严重逾越罪行严重程度的刑罚，通常会被认为不公正。法定最高刑反映了这种理解，它同样具有宪法维度：不同的法域都在宪法上禁止严重过度之刑。但是，这只赋予了该当性概念一种外部的约束功能，即禁止对较轻之罪适用明显过严之刑。除去这些（相当高的）上限，很长时间以来，量刑政策几乎没有考虑过比例性，相反，却在强调犯罪预防考量。当代的该当性理论，其独特之处在于，在决定刑罚的严厉性时，它将比例性概念从那般的边缘地带〔拉回〕，转换成了核心的角色。根据该当模式，决定刑罚量的主要根据，是比例原则——要求刑罚的严厉性与被告罪行的严重性呈公正的比例关系。

我在此讨论的比例概念，不同于人权法学中使用的"比例"概念。后者是前瞻性的（prospectively-oriented），关注手段与目的之间的适配性：如果为了达到相对不那么重要的目的，使用过度的负担或侵入性手段，这样的干预就可以被认为是"不成比例的"[5]。量刑理论中的比例性，并不关注那样一种前瞻性的、手段与目的之间的联系，相反，它是*回溯性*（*retrospectively*）地适用。它关注的是所科之刑的严厉性，与被告人被据以定罪之行为的严重性之间的关系。

这一（回溯性的）比例原则，其根据基础何在？刚才讨论的谴责论，提供了这方面的解释。如果刑罚包含谴责，其严厉的程度将传达出行为应受的非难大小。如果犯罪 X 比犯罪 Y 所受之刑更严厉，意味着犯罪 X 所受的非难更重。如果刑罚的严厉性是根据犯罪的严重性排列，由此传达的非难大小，与相关行为的可谴责程度就是一致的。如果按照其他的标准对刑罚进行等级排序，

20

---

⑤　See，eg.，I. Cameron，*An Introduction to the European Convention on Human Rights*，3rd edn.（Uppsala，Iustus，1998）.

不仅没有效率（谁知道呢？——它有时可能是"有效率的"），亦不公正；行为人受到的非难，与其行为的可谴责程度相比，要么更多，或者更少（详细的讨论，参见第四章）。

忽视比例原则，即使是为了预防犯罪，也会牺牲公正。比如，行为人 A 与 B 各自实施了犯罪行为，其严重的程度大致相当。可是，如果 B 被认为再犯可能性更大，就将因此被判处更长监禁刑。尽管该次量刑的预防犯罪效能提高了，反对的观点仍然会认为，因其受到了更严厉之刑，B 被视为实施了在可谴责程度上比 A 的行为更高的行为而加以对待，尽管两人的行为事实上的可谴责程度相当。

三、比例性："限制性"还是"决定性"？

如果比例原则是如此的重要，那么，它究竟是一种"限制性的"（"limiting"）原则还是"决定性的"（"determining"）原则？尽管我们的正义感告诉我们，犯罪应当受到的刑罚，要与行为的严重性一致，但是，与那些该当性判断相关的、确定分量的严厉性，看起来并不存在。携带凶器的抢劫者，实施的是严重的罪行，该当严厉的刑罚，但是，那通常应当是三年监禁还是五年监禁，是更短或是更长，并不是马上就能清楚。

对此问题的一种回答，是肯定该当性仅仅是一种"限制性的"原则。[6] 这一观点认为，比例性告诉我们的，不是抢劫犯应

---

[6] 诺瓦尔·莫里斯在论著中提到了这一观点，see N. Morris, *Punishment, Desert, and Rehabilitation* (Washington DC, US Government Printing Office, 1976); N. Morris, *Madness and the Criminal Law* (Chicago, Chicago University Press, 1982) Ch. 5。这一观点也有现代的支持者，但有重大修正，see RS Frase, *Just Sentencing：Principles and Procedures for a Workable System* (New York, Oxford University Press, 2013)。关于进一步的讨论，参见下文第九章。

该得到多少刑罚，它只是提供宽泛的限制，只有超出了该限制，才是犯罪人不应该得的（*undeserved*）。在该外部限制之内，量刑要由其他因素决定，比如，被告人被评估的再犯可能性。但是，这一观点意味着，犯有相似之罪，可能受到轻重极其不同之刑。如果刑罚要将谴责作为其核心的特征，则对可谴责程度相当的犯罪行为，施加严厉程度如此不同的刑罚（以及由此意味着的非难），在道德上是存疑的。除此之外的回答，就将是一种英雄般的直觉主义立场，但它几乎是不可能合理的：只要我们思考得足够深刻，就应该能够感知到该当的刑罚其具体的量——该抢劫犯该当如此这般多年月的监禁，等等。只不过，我们的直觉看起来并不如此的精准。

要摆脱这一困境，需要承认二者如下的关键区别：一方面是刑罚的相对排序，另一方面是刑罚尺度的整体幅度及锚点（anchoring points）。就相对排序而言，*序的*（*ordinal*）比例性提供了很多指示：被判定犯有严重程度相似之罪者，应当得到严厉性相当之刑；被判定犯有严重程度不同之罪者，应当承受相应严厉等级之刑。序的比例性的这些要求，不是纯粹的限制，当可谴责程度相当的行为受到轻重有别之刑时，它们就会被违反（参见第五章）。

但是，对于刑罚尺度的整体幅度及锚点，该当性提供的指示很少。这是因为，通过刑事剥夺传达出的谴责，在一定程度上，是一项共识（convention）。如果刑罚结构反映了犯罪的相对严重性，则不同的法定制裁*按一定比例*（*pro rata*）减轻或加重，只会构成该共识内部的一种变化。

这一区分有助于解决上述困境。在设定刑罚体系的整体严厉程度时，该当性所允许的活动余地（leeway），解释了我们为何不

22

能知道适用于某一犯罪的唯一"正确的"或"适当的"刑罚。X 个月、Y 个月或者位于二者之间的某几个月，是不是适用于某一类型犯罪的适当刑罚，在很大程度上取决于刑罚的结构如何被锚定（be anchored）、其他犯罪被规定的是何种之刑。但是，一旦锚点被确定，序的比例性之最具限制性的要求就要登场。这解释了如下做法为何不适当：对于因相似罪行而被定罪的不同人，根据未能反映行为相对严重程度的（比如）预防因素，对其中一些人判处短期监禁，对另一些人却判处了长期监禁。

四、犯罪"严重性"与刑罚"严厉性"之评价

比例性的等级序列，其预设的前提，是根据犯罪的严重性对不同类型的犯罪等级排序的能力。如何才能实现对犯罪严重性的这般判断？

犯罪的严重性主要取决于两个因素：行为的损害（或危险）程度，以及行为人的可谴责程度。在可谴责性方面，实体刑法能帮上一些忙——因为它的过错理论（theories of fault）与量刑理论有相似之处，比如，实体刑法区分故意（intentional）行为〔比如，意图（purposive）、明知（knowing）或轻率（reckless）〕与过失（negligent）行为。[7] 量刑理论可以更全面地利用此种区别（尽管那些含义仍需详细说明）。

23

就损害来说，问题在于如何对侵犯不同利益的犯罪行为的损害程度进行比较——对比普通盗窃罪与（比如）侵犯住宅隐私罪。在这里，广义的"生活质量"（"quality of life"）派得上用

---

[7] 对故意程度的这种分类，see, eg., American Law Institute, Model Penal Code（1962），s 2.02（2）；see also A. Ashworth, *Sentencing and Criminal Justice*, 6th edn.（Cambridge, Cambridge University Press, 2015）157 - 59。

场：对侵犯不同利益的行为，可以根据其对个人*生活标准*（*living standard*）通常的影响程度进行比较——从广义上理解"生活标准"这一术语，需要同时考量非经济性福利与经济性福利。⑧ 此种分析范式有助于对比。比如，盗窃罪（burglary）与攻击罪（assault），影响的是不同利益，但是，它们对一般人的生活质量的影响仍是可以比较的。第六章详细解释了这一分析方法。

生活标准的观念也有助于比较不同刑罚的严厉性。严厉性是可以衡量的——不是根据个人不同的人身感受性，而是根据不同的制裁对于表征个人生存质量的那些利益的*通常*（*typically*）影响（参见第六章）。

五、前科的作用

该当论者讨论的另一问题是行为人的前科。绝大多数的刑罚制度都会调整量刑的严厉性，以反映被告人先前的犯罪历史，但是，关于为何应当有此种调整，被告人的犯罪记录应当占有多大权重，一直存在争议。量刑的预测性基本原理，主要强调先前的逮捕及先前的定罪，因其最能预测将来的犯罪。⑨ 相反的是，该当性理论主要考虑当前犯罪行为的严重性。这的确是基于预测的方案与基于该当的方案之间的、在操作方面的显著区别。但是，

24

---

⑧　对犯罪损害的这种生活标准分析，see A. von Hirsch and N. Jareborg, 'Gauging Criminal Harm：A Living-Standard Analysis' （1991） *Oxford Journal of Legal Studies* 11，1。这是基于哲学家、经济学家阿马蒂亚·森（Amartya Sen）所构想的生活标准概念，see Amartya Sen，*The Standard of Living* （Cambridge，Cambridge University Press，1987）。详见下文第六章。

⑨　See National Academy of Sciences，Panel on Research on Criminal Careers （1986）；'Criminal Careers and "Career Criminals"'（edited by A. Blumstein，J. Cohen，J. Roth and C. Visher）（Washington DC，National Academies of Sciences Press，1986）Vol. 1；von Hirsch 1985，Chs. 7，11。

仍然存在的问题是，该当性的基本原理是否允许赋予犯罪记录任何权重，如果允许，是多大的权重。

有的该当论者，包括我本人，一直主张根据被告的前科适度地调整量刑——对初犯或有少量前科记录者，有限地减免其刑。[10]这可被视为在刑罚标准中，对人之易犯错性的一种承认（详细的讨论，参见下文第七章）。对初犯的处刑适度减轻，意味着他是因自己的犯罪行为受到谴责，还因为对如下事实的一定尊重：他先前对过错行为的遏制看起来是有效的；〔人们对〕可以导致此种过错的、过于人性的弱点也会有一定的同情心或宽容心。不过，重复一次，减轻效果就要减少一分，直至最终彻底消失。这一方案虽然允许根据前科实行有限的区分，但强调的重点，仍是当前罪行的严重性。

六、包含犯罪控制目的吗？

该当论设定了量刑目的之间的优先顺位，它认为，与追求其他目的（如对被认为危险性更高的犯罪人进行控制）相比，刑罚的比例排序更重要。这一点会引起人们的不适，也就可以理解了：为什么不可以既追求比例性，又（*and*）追求其他想要的目的，无论它是处遇、隔离，还是遏制？

在一定程度上，该当性理论同意考虑其他目的，即，在与刑罚的比例排序一致的程度上。因此，在严厉性大致相当的两种非监禁刑之间，基于（比如）恢复理由选择其中一种，不选另一种，比例性的约束不会因此就被违反。该当论者由此提出使用非

⑩ See Ashworth 2015, Ch. 6；A. von Hirsch, 'Proportionality and the Progressive Loss of Mitigation：Some Further Reflections', in A. von Hirsch and JV Roberts (eds.), *Previous Convictions at Sentencing：Theoretical and Applied Perspectives* (Oxford, Hart Publishing, 2010) Ch. 1.

监禁的中间制裁措施的方案（intermediate，non-custodial penal-ties）。这些刑罚的严厉性，将根据犯罪的严重性进行排序，但是，如果需要考虑（比如）处遇要求，严厉性大致相当的刑罚相互之间就可得易科（参见第八章）。尽管如此，该当模式仍具有如下的重要限制条件：此类隐秘不明的目的（ulterior aims），仅在不会严重影响刑罚的比例排序时，才会被允许采纳。因此，对于被认为具有更高的再犯危险之人，给予大量的额外监禁时间，将是对该当模式要求的违反。那么，为何不放宽该当模式的限制，给予那般的其他目的以更多的空间？

一种可能的方案，是在有限的范围内放宽该当性限制。这有时被称为"修正的"该当模式。刑罚的相对等级，主要是由比例性决定，不过，对该当性量刑的适度偏离，也会被认为是允许的。但是，此种偏离包含了对平等性的牺牲，而牺牲的程度，取决于对该当性限制的偏离程度。可以认为，受限制的偏离，既可以被允许追求隐秘不明的目的，又无须担心"过度"（"too much"）不公平（详细的讨论，参见第九章）。

这些混合型方案（mixed approaches），使该当性仍然是刑罚等级排序的主要决定因素，但为其他目的留出了一定的额外空间。不过，这种方案仍然具有重大的限制性作用。比如说，为了让那些有明显治疗需要的罪犯获得非监禁刑，需要有一定额外的裁量空间，但并不需要太多。

非该当性的考量还能有更多的空间吗？按照混合型的基本原理（mixed rationale），要么该当性占据主导地位，要么其他目的占上风。如果——在通常情况下——犯罪的严重性是刑罚的主要决定因素，该制度中就仍然是该当性在占据主导地位。但是，如果首先强调的是其他目的（比如，犯罪预防），就会形成一个由

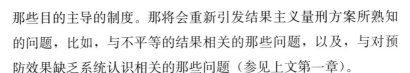

那些目的主导的制度。那将会重新引发结果主义量刑方案所熟知的问题，比如，与不平等的结果相关的那些问题，以及，与对预防效果缺乏系统认识相关的那些问题（参见上文第一章）。

26　　在评价这些替代性方案时，必须要铭记的是，即使是"纯粹地"（"purely"）基于该当性的量刑尺度，也有可能产生预防犯罪的附带好处——因它的刑罚能够实现这样的遏制效果，也因它对更重之罪所处的监禁刑产生的隔离效应。因此，为了犯罪预防效果而偏离比例性，不应仅仅要求表明这么做可以实现一定的预防效果（因为基于该当性的制度也可能产生此种附带效应）。相反，它要求表明的是，对比例性的偏离很可能会明显产生更大的（*greater*）预防效果——这一点并不是很容易做到的。在这里，人们很可能会面临公正与效率的权衡问题，因为犯罪率往往对刑罚的微小差别并不敏感，有限地偏离比例性，对犯罪预防的影响不大；大幅的偏离可能更好地预防犯罪，但从公正角度来看，这些又正是最麻烦的问题。

七、该当性与刑罚趋严？

该当模式会导致更严厉之刑吗？在该当模式出现及产生影响之时，很多法域的刑罚水准正在提升，有些批评者就认为，该当性理论必须对这样的提升负责。但是，该当性自身并不要求更严厉的刑罚，如前所述，它允许（实际上，是指向）刑罚的大幅减轻。[11] 此外，明确根据该当性观念〔制订〕的量刑改革方案，是倾向于采取更温和的刑罚，比如，〔美国〕明尼苏达州量刑指南要求判处的刑罚，远低于美国的现行标准。在欧洲，以比例性为导向的量刑标准，比如芬兰与瑞典的量刑标准，同样与刑罚的适

---

⑪　详见下文第十章。

度性联系在一起。特别明确要求更严制裁的方案，其所使用的，往往是与比例性不一致的标准，比如，强制性最低量刑（mandatory minimum sentences），就是选择对特定类型的犯罪施加严厉处遇，并不考虑相关罪行的严重性，也不考虑对其他类型犯罪所科之刑。 *27*

第三章　为何要有刑罚

一、该当论的不同变体

一般来说，该当性是指对某人的行为表达赞成或反对的一定理由。那些理由与这个人的行为的本质好（good）与坏（bad）有关。可以这么说，一个人因出色的工作或慷慨的行为而该当某种令人快乐的东西，或者因可谴责的行为而该当某种让人不快的东西。这一概念并不是指向将来：当我们说 A 该当 X 时，并不是说如果他得到 X，则他，或者其他人，或者整个社会，必定会变得更好。相反，这一概念是回溯性指向。当我们说 X 是 A 应得的，那也是基于他*已经做了的*（has）好事或坏事。①

在最广义上，基于该当性的刑罚理论，是将刑罚的决定，部

---

① See also A. von Hirsch and A. Ashworth, *Proportionate Sentencing*：*Exploring the Principles*（Oxford，Oxford University Press，2005）Ch. 2.

分或整体地植根于如下主张：它是被定罪的行为人该当的。但是，刑罚为何是其该当的？对此存在各种解释。②

传统的报应论是恶之回报（requital-for-evil）理论。根据这一观点，做错了事，会产生一种使做错事之人承受对等痛苦的道德义务：做错事的人应当因其错误而被"偿还"（"paid back"）或者被"回报"（"requited"）。③ 这一理论很容易遭到严重反对。首先，很少有时候能弄清楚"为什么（why）要有那样的回报（requited）"。有些人赞成这一观点，认为是基本的道德直觉问题。④ 不过这样的解释基本上没什么用。其次，一种回报理论（requited theory），就其给出的全部指导而言，似乎是在指向损害抵偿（harm-for-harm equivalence）：犯罪人应当受到同等于其加之于被害人的痛苦。简而言之，这一理论所要求的，是类似于同态复仇法（lex talionis）的东西，并非比例性制裁的规定。

最近有一种观点，是"不正当利益理论"（"unfair advantage theory"）。⑤ 这一理论将刑法视为共同利益体。法律要求每个人放

29

---

② 对各种报应论的简介，see J. Ryberg, *The Ethics of Proportionate Punishment：A Critical Investigation* (Dordrecht, Kluwer Academic Publishers, 2007)。

③ 最近对此观点的陈述，see RL Lippke, *Rethinking Imprisonment* (New York, Oxford University Press, 2007)。

④ 美国刑罚学者迈克尔·穆尔（Michael Moore）持此种观点，see M. Moore, *Placing Blame：A General Theory of Criminal Law* (Oxford, Clarendon Press, 1997) Chs. 3 and 4。

⑤ 关于"不正当利益"理论（"unfair advantage" theory），最近的讨论，see J. Staihar, 'Proportionality and Punishment' (2015) *Iowa Law Review* 100, 1209 – 32；更早的论述，see J. Finnis, *Natural Law and Natural Rights* (Oxford, Oxford University Press, 1980)；M. Davis, Michael (1983), 'How to Make the Punishment Fit the Crime' (1983) *Ethics* 93, 726。在我的《践行正义》一书中，我部分支持这一理论，但此后不久，我就产生了疑虑，并在随后的论著中反对它，对比：A. von Hirsch, *Doing Justice：The Choice of Punishments* (New York, Hill and Wang, 1976)；重印于 1986 年 (Boston：Northeastern University Press) Ch. 6, with A. von Hirsch, *Past or Future Crimes：Deservedness and Dangerousness in the Sentencing of Criminals* (New Brunswick, New Jersey, Rutgers University Press, 1985)；United Kingdom edn. 1986 (Manchester, Manchester University Press) 57 – 59 and 7 – 8。

弃特定类型的不法行为。通过这一放弃，个人可以使他人受益；他本人也会从相互的自我克制中获益。伤害他人，却又从他们的自我约束中受益的人，也就因此获得了不正当的好处。刑罚的预期作用，就是施加一种抵消性的不利益（offsetting disadvantage）。

这一理论困扰之处甚多。可能引起的争论是，行为人既然受益于他人的自我约束，就应负有自我约束的对等义务。但是，让人特别不清楚的是这样一种看法：如果他无视该义务，且确实地违反了，其预期得到的（额外行动自由），就可以通过对他的刑罚在某种程度上予以消除或取消（在纯比喻之外的意义上）。⑥ 这一理论还会歪曲对行为人该当刑罚的评价方式。对于典型的加害型（victimizing）犯罪，如携带凶器抢劫，在评价〔给予〕多重之刑才该当时，如果根据的是抢劫犯从无关第三人那里预期得到的额外行动自由，而非对被害人之法益的侵害行为的可谴责性，就太奇怪了。

二、基于谴责的刑罚正当性

建立在谴责基础之上、关于刑事制裁实体的理论，关注的是此种实体的谴责特征。刑事制裁显然是在传达谴责。对一个人施加刑罚，其中所包含的内容是，因为这个人犯了错误，故而以一种能传达出是因其不当行为（misdeed）方对他非难的方式，来对他施加一种剥夺"严厉处遇"（"hard treatment"）。美国道德哲学家理查德·沃瑟斯多姆（Richard Wasserstrom）提出⑦，刑罚

---

⑥ See A. von Hirsch, *Censure and Sanctions* (Oxford, Oxford University Press, 1993) 7 - 8; and RA Duff, *Trials and Punishments* (Cambridge, Cambridge University Press, 1986) Ch. 9.

⑦ R. Wasserstrom, *Philosophy and Social Issues: Five Studies* (Notre Dame, Indiana, University of Notre Dame Press, 1980); see also J. Feinberg, *Doing and Deserving* (Princeton, Princeton University Press, 1970) Ch. 5.

观念之核心，在于将犯罪人作为做了错事的人（wrongdoer）来对待。税金与刑事罚金之间的区别，不在于相关物质性剥夺的类型（在这两种情形中〔剥夺的〕都是金钱），而在于如下事实：刑事罚金传达非难或谴责，税金却通常无此性质。⑧

强调这种谴责功能的刑事制裁理论，其迷人之处在于它的易于理解，因为在日常的道德判断中，我们就在进行责难。基于谴责的理论，与比例性的关联也更加清晰。如果刑罚含有谴责的归属（ascription），则可以认为，不同犯罪的刑罚序列应当反映罪行的可谴责程度。

因此，建立在该当性基础之上、关于法定刑罚（legal punishment）的理论，必须要假定的是，在某种意义上，犯罪行为是错的（wrongful）。基于谴责的理论显然具有这一预设，因为行为被视为可非难的。不过，今天刑事禁令的〔适用〕范围很广，包含某些看来没有明显可非难性的行为类型。但是，基于谴责的刑罚理论，不需为所有的刑事禁令辩护。只要刑法规范的核心行为，因为对被害人造成了损害（如暴力或盗窃），制造了不被容许的伤害风险（如酒后驾驶），或者表现出对社会重要义务的藐视（如逃税），而被合法地标志为应受谴责的，基于谴责的刑罚理论就会得到满足。认为刑法是在表达谴责的看法的确提供了"临界边缘"（"critical edge"）：它解释了那些不能被合理解释成错误的行为为何应当非犯罪化。⑨

31

---

⑧ 对刑罚中严厉处遇概念的讨论，see also J. Kleinig, John（2011），'What does Wrongdoing Deserve?', in M Tony（ed.），*Retributivism Has a Past. Has It a Future?*（New York，Oxford University Press，2011）Ch. 3。

⑨ See more fully, AP Simester and A. von Hirsch, *Crimes, Harms, and Wrongs. On the Principles of Criminalisation*（Oxford，Hart Publishing，2011）Chs. 1 and 2.

我在此讨论的、基于谴责的理论，将刑罚中的谴责视为一种可以正当地施加于犯罪人（被认为具有道德思考能力的人）的反应。一行为被认为是可非难的，谴责性反应就应当传达出该行为应得程度的非难。

谴责性反应必须是能对被谴责者解释的，必须假定被谴责者能够理解实施行为或放弃行为的规范理由。在此意义上，谴责不同于纯粹的责难（*denunciation*）。⑩ 责难理论（denunciatory theories）单纯将受刑人视为公众对犯罪及犯罪人表达憎恶的信息通道（conduit）——故有可能是完全不公正的。美国有位刑法学者就持此种见解，他的确赞成耻辱刑（humiliating punishments）——在耻辱刑中，比例限制完全缺失，或大部分缺失。⑪

三、刑罚为何要谴责

显而易见的是，刑罚传达谴责或非难。但是，对刑法所规范的行为，为何应当（*should*）给予谴责性反应？若不能回答这一问题，法定刑罚（legal punishment）就有可能被不含谴责含义的其他反应，比如，类似于税金那样的反应，取代，其目的是阻止特定的行为。

已故的牛津哲学家彼得·弗雷德里克·斯特劳森（PF Strawson）提出过一个讨论的基础。⑫ 他认为，通过非难或谴责，对错误行为进行反应，只是要求人们对自己的行为负责这种道德

---

⑩ 关于刑罚中的责难，see N. Walker, *Why Punish*? (Oxford, Oxford University Press，1991)。

⑪ DM Kahan, 'What do Alternative Sanctions Mean?' (1996) *University of Chicago Law Review* 63，591.

⑫ P. Strawson, *Freedom and Resentment and Other Essays* (London, Methuen，1974) Ch. 1.

准则的一部分。一个人犯了错误，其他人就会对他进行不利评价，因为他的行为是可谴责的。对该种评价及伴生的非难情绪的传达，就构成了谴责。仅当存在不应反对行为人的特别理由时，比如，怀疑其精神能力〔不健全〕，或者，怀疑自己是否有立场可以因其所为而对其质疑，才会收回对谴责的传达。

斯特劳森的观点很有帮助，因为谴责看起来*的确*（*does*）是要求一个人对自己的行为负责这一道德准则的一部分。不过，关于谴责的某些深层特征，仍有必要具体说明。首先，谴责关注被害人。被害人不仅受到了伤害，还被某人的可谴责的行为*错误地对待*（*be wronged*）。因此，仅仅承认已发生的伤害，或者，向被害人表示同情（如同人们在自然灾害中受伤一样），都是不够的。通过向负有责任的人表达非难，谴责在承认被害人的伤害是由该人的过错〔行为〕造成的。[13]

其次，也是更重要的是，谴责是与行为的实施者对话。行为人被传达的关键信息，是其行为的不当性（impropriety），即，他可谴责地（culpably）、错误地对待了某人，且因为那样做而被施加非难。他能够表现出某种〔具有〕道德色彩的反应，比如，表达关切，努力更好地自我克制通常才会被认为适当；或者，提出抗辩称该行为具有正当事由或宽恕事由。[14]

制裁传达的非难，给予行为人以机会去反思行为、感到羞愧或遗憾。但是，是否要如此反应，应当取决于他。我并不是要提

33

---

[13] See more fully：von Hirsch 1993，Ch. 2；A. von Hirsch and A Ashworth，*Proportionate Sentencing*：*Exploring the Principles*（Oxford，Oxford University Press，2005）Ch. 2. 与日常中的情况相比，刑法上更加限缩了这种正当事由（justification）和宽恕事由（excuse）。但是，即使是在犯罪之外的语境中，也存在这种限制，比如，在学术纪律程序中，什么样的宽恕事由会被认为是可以接受或不可接受的。

[14] Ibid.

出一种赎罪理论（penance theory）。该理论认为，刑罚反应是为了要特别地引起他的某些情绪，比如羞耻或忏悔。⑮ 正因如此，我认为，没必要根据行为人的预期接受程度来调整谴责性反应。发起一项制裁，以引起忏悔态度，这可能是一位正在处理犯错的新近皈依教徒的修道院院长的恰当任务，但是，一个现代国家，很难认为这是应当扮演的角色。⑯

刑法还赋予其传达的谴责另一重要功能：与第三方（公众成员）对话，给予其放弃犯罪的理由。刑事制裁与日常语境中的责备不同，它事先宣布了特定类型行为的刑事可罚性。法律规定的制裁，是一种传达非难的类型，它要公开传达出的信息是该行为被认为是可谴责的，正因如此，应当避免。行为是错的，这并不必然是一个教育问题，因为那些被对话之人（或，他们中的很多人）对此可能已经非常清楚。毋宁说，法律规定的制裁所包含的谴责，有助于唤起（appeal）人们对行为过错性的认识，以此作为放弃犯罪的理由。

但是，刑罚规定传达的规范信息，不可简单认为是用来诱导人们遵守法律的［正如在斯堪的纳维亚半岛和德国，*积极的一般预防（positive general prevention）* 论者主张的那样］⑰，就只是因为相对于赤裸的威胁，市民更容易受到道德诉求的影响。在我看来，刑罚传达的谴责之所以正当（is legitimated），是因为它是与行为人和第三人（被视为能够进行道德思考的行动者）之间合乎

34

---

⑮　Ibid. 这种赎罪理论是由英国刑法学者安东尼·杜夫提出。

⑯　RA Duff, *Punishment, Communication, and Community* (New York, Oxford University Press, 2001), accompanying text tonn. 33 - 34.

⑰　J. Andenaes, *Punishment and Deterrence* (Ann Arbor, Michigan, University of Michigan Press, 1982)；对积极的一般预防的延伸性批评讨论，参见论文集：B. Schünemann, A. von Hirsch and N. Jareborg, *Positive Generalprävention：Kritische Perspektiven in deutsch-englischem Dialog* (Heidelberg, CF Müller, 1998).

伦理要求的对话方式。该规范信息可能具有的附带性犯罪预防效果，对于该种规范主张（normative claims）来说是次要的。对一个人的谴责，可能有助于诱导他人（或者，行为人本人）更好地树立起在法律遵守方面的内在忠诚（internalised commitment），但是，*仅仅*（*merely*）根据这一点不能证明对这个人的谴责正当。⑱

上述关于谴责之作用的论述，解释了为何不应仅仅通过未传达非难的中性制裁来应对犯罪行为。即使那样的中性制裁在制止行为方面同样地有效，但是，完全依赖它，将忽视行为人作为能够进行道德思考的行动者的地位。一种只有中性制裁的制度，在对待犯罪人或者潜在犯罪人时，就会像对待马戏团的动物一样，需要进行约束或者恐吓以使其放弃伤害行为，因为他们被认为没有能力去理解伤害他人为何是错的。谴责性制裁却是将行为人（actor）作为具有此种理解能力的人（*person*）来对待。

坚定的功利主义者可能会坚持认为，以此种方式将行为人作为人来对待，只有根据工具性理由才会被允许。⑲ 但是，这是简化论者（reductionist）。在与行为人的对话中，视其为能够作出道德选择的人，而非被恐吓或被控制的生物，这是对承认其为负责的行动者地位的问题。这样的承认，是否仅当其可以产生对社会有利的后果时，才会被允许？但是，那样的后果，并不必定是犯罪预防的后果——因为有可能设计出一种"中性"（"neutral"）（一种旨在施加物质剥夺却不传达责备）的、同样有助于预防犯罪的制裁。或者，如果行为人被作为负责之人来对待，且因其行为而受到谴责，社会是否就会因此而变得更有凝聚力？要提出这

---

⑱　more fully von Hirsch and Ashworth 2005，133 - 34.

⑲　See Walker 1991.

样的论点，需要努力减少对难以证实的经验推测的伦理评价。应当将犯罪人作为能够作出选择的行动者来对待，人们应该是有一定把握去进行伦理评价的，但是，要判断如此对待犯罪人是否必然带来社会的运行更加平稳，则要困难得多。

35

四、刑罚为何要有严厉处遇

刑罚包含谴责，但不仅仅（*only*）由谴责构成。谴责通过*严厉处遇*得到传达[20]，即是说，通过对被定罪者施加剥夺来传达。因此，很有必要讨论刑罚的其他构成要素：剥夺或"严厉处遇"。

该当论者约翰·克莱里希（John kleinig）认为[21]，谴责概念也可以〔用来〕解释刑罚中的严厉处遇特征。他认为，纯粹的口头形式，或象征形式，不能充分表达谴责，需要用严厉处遇来表明非难是严肃认真的。比如，一个学术机构对一名同事的严重失误，不会仅仅以口头训诫表达不满；要表达必要的不满，需要削减其特权。在法律语境之外，这样的一种证立有其合理性，因为涉及的剥夺相当温和，主要是用来强调想要表达的非难。但是，我认为这样的论述不足以解释刑事制裁。

刑法的自身设计即具有预防特征。国家在将行为犯罪化时，它就发动了法律威胁：那样的行为是被禁止的，一旦违反就将被施加特定的制裁。这种威胁表现出了明确的目的，即要阻止所规

---

⑳　美国法哲学学者乔尔·范伯格（Joel Feinberg）创造"严厉处遇"一词，用来表示刑罚中的剥夺要素（deprivation element）；Feinberg 1970, Ch. 5. 进一步的讨论，see M. Matravers, 'Is Twenty-first Century Punishment Post-Desert?', in M Tonry（ed.），*Retributivism Has a Past：Has It a Future*?（New York, Oxford University Press, 2011）Ch. 2。

㉑　J. Kleinig, 'Punishment and Moral Seriousness' （1991）*Israel Law Review* 25, 401.

定的行为。㉒ 如果仅仅是为了让谴责显得可信，那刑事制裁表现得太重了。即使实质性减轻刑罚，某些刑罚仍有可能包含对自由或财产的严重剥夺。如果没有预防目的，很难想象如此严重的侵扰（onerous intrusions），仅仅是为了表明对非难的传达是严肃认真的。

36

刑法的犯罪预防特征极其重要，还是因为犯罪行为极大地威胁着市民的切身利益：他们的人身安全及生存条件。因此，特别重要的是，刑事责任应当有助于阻止那样的行为。㉓

上述认识促使我在 1985 年出版的书中提出了刑罚的二元论（bifurcated account）。㉔ 在当时我认为，刑法是在发挥两种相互关联的功能。刑罚试图将令人不快之后果作为威胁来阻止犯罪行为。制裁通过其传达的谴责，同时表达了对行为的非难。市民也由此被提供了服从的规范理由和审慎理由。

但是，在我 1985 年的论述中，非难与预防这两个要素看起来并不容易被调和。尽管谴责要素诉诸人之道德能动性*（moral agency），但是，预防要素难道不是仅仅因为人对不快后果感到畏惧才会起作用吗？如果一个人能够受道德诉求驱动，为何还要威胁他？如果不能被驱动，且因此而需要被威胁，他不就是被作为

----

* 道德能动性是一个人基于"对"（right）与"错"（wrong）的一定观念，进行道德判断的能力，且要为这些行为进行负责。哲学意义上的行动者指实施一个行为的人或物，能动性（agency）是指实施该行为的能力。也就是说，行动者（agent）即是拥有能动性（agency）的人。道德能动性（moral agency）指的是，个体能够制定或遵守一般道德原则与规则，且具有自主意志，能够最终决定自己是否应当行为。Nicholas Bunnin and Jiyuan Yu, *The Blackwell Dictionary of Western Philosophy*（*Blackwell Publishing*，2004）pp. 443，444.——译者注

㉒ See more fully Simester and von Hirsch 2011，Ch. 1.

㉓ See more fully A. von Hirsch, 'Harm and Wrongdoing in Criminalisation Theory'（2014）*Criminal Law & Philosophy* 8，245.

㉔ von Hirsch 1985，Ch. 5.

危险野兽来对待了吗？因此，很有必要澄清预防功能与谴责功能
的关系。

随后，在1993年的论著中，我试图作出这样的澄清。㉕ 在该
书中我提出，制裁之预防功能提供的审慎理由（prudential rea-
son），与刑事谴责传达的规范理由（normative reason），相互联
系、彼此补充。刑法通过它包含的非难，传达出行为是错的〔信
息〕，一个道德行动者因此就有了放弃行为的理由。即便如此，
他还是仍有可能（鉴于人之易犯错性）被引诱。刑罚使用严厉处
遇作为传达谴责的工具（而不是用单纯的象征性谴责），原因之
一就在于，它给了行为人进一步的理由——审慎理由——来抵制
诱惑。事实上，一名行动者，一名接收到了制裁传达的信息即自
己不应违法的行动者，一名认识到自己很容易受诱惑的行动者，
很可能会赞成保留包含了此种审慎的遏制因素的谴责性反应，以
帮助他以自己认为恰当的方式行为。

关于人（human）之本性及行为理由的一定构想，构成了这
一论述的基础。这种构想认为，人（person）既不像天使，对其
仅仅是规范唤醒就足够；也不像野兽，只能被威吓所影响。相
反，人类（human beings）是具有道德感但却容易犯错的生
物——能够被道德诉求所驱动，尽管如此，仍会受到诱惑而犯
错。一个人具有的道德行动者的特征，使其能够思考制裁传达的
谴责信息：该行为是可非难的。不过，鉴于人类容易犯错的特
性，如果同时存在反对行为的遏制因素，则犯错的诱惑就容易被
抵制住。提供那样的遏制因素，并不会使制裁变成纯粹强制性的
（coercive）：它不会让人们对不快后果的畏惧成为其服从的唯一

㉕　von Hirsch 1993，Ch. 2；关于这种修正观点的进一步讨论，see von Hirsch
and Ashworth 2005，Ch. 2。

理由。从这种人之本性的二元论出发，一种既提供了放弃的道德理由又提供了放弃的审慎理由的反应是有可能存在的。㉖

在本章的稍早时候我提到过，基于谴责的刑罚理论其优点之一，在于它将犯罪人作为道德行动者来对待：谴责诉诸行动者对其行为妥适性的评价能力。但是，刚才我提到的基本原理，有部分是预防性的，它有赖于行为的遏制因素。即便是在谴责性架构之下，有限地引入这种预防犯罪要素，是否会损害到那诉诸行为人的道德能动性的反应的正当性呢？

这取决于人们有多严格地看待道德能动性。从一种狭义的立场（它有时会被错误地归咎于康德㉗）〔来看〕，一个人，仅当其提供的行为理由是*纯粹的*（*purely*）道德理由时，才会被作为道德行动者来对待。任何审慎权衡的引入，都会脱钩于（divest the appeal of）其基本的规范特征。但是，如果思考的是国家如何才能恰当地对待那些构成其全体公民的、实际存在的且容易犯错的人，上述观点看起来并没有什么帮助。

关于道德能动性，还有一种较为温和的观点，其所依据的是前文提到的关于刑罚中严厉处遇的作用的论述。根据这一观点，如果国家给了行为人以行为的规范理由，即使不是排他性理由（exclusive reasons），国家也会要求将这个人作为道德能动者来对待。纯粹遏制性的方案并不符合这一标准：行为人被告知他最好是服从，否则将遭受不利后果，但他并没有被给予为什么应该

38

㉖　对于该问题进一步的分析，see von Hirsch and Ashworth 2005，Ch. 2；and also AE Bottoms，'Five Puzzles in von Hirsch's Theory'，in A. Ashworth and M. Wasik（eds.），*Fundamentals of Sentencing Theory：Essays in Honour of Andrew von Hirsch*（Oxford，Oxford University Press，1998）Ch. 3。

㉗　康德的观点实际上更加不同，因为他区分了如下二者：具有个人道德价值的行为，与法律在其公开标准中可以合法援引的理由。

（why he ought）服从的规范理由。不过，在我看来，行为人*的确*被给予了（*is given*）那样的规范理由：通过制裁所包含的谴责，行为人被传达了权威来源的信息：该行为是可谴责的，应当避免。不得不承认，这不是他被提供的*唯一*（*only*）理由：严厉处遇传达出的谴责反应，同样提供了遏制因素。但是，如果接受这里提出的人（human）之概念——是容易犯错之行动者，能够根据道德理由而行为，但需要进一步的帮助以抵制那样的诱惑——这仍然是在严肃认真地对待道德能动性的能力（capacity）。

请注意，我在这里讲的是为什么预防在原则上是刑罚存在的正当根据。我并未在此提到制裁的整体严厉程度，它仍可能存在强制性（coercive）的问题。如果整体的刑罚程度上升到足够高，刑事制裁提供的放弃行为的规范理由，在遏制性威吓的规模（magnitude）面前就可能变得黯淡无光，显得无足轻重，没有实际意义。如果最低限度的审慎都可以促成服从，则制裁之规范信息有何用？在下文（第五章）我会详细讨论这个问题，即它有利于将制度的整体刑罚程度保持在适当的高度。

五、两个要素之间的关系

非难与预防这两个刑罚的要素之间有何关系？需要注意的是，后者不能独立地起作用，否则就会损害比例要求。

如前所述，预防不能脱离谴责要素而独立存在。制裁如果要传达谴责，可以采用能同时作为审慎的遏制因素的形式，而审慎的遏制因素是抵制诱惑的手段。但是，它如果*仅仅*（*merely*）是要施加严厉处遇，就仍是纯粹强制性的。诚然，一个道德立场坚定的人会发现，即使是中性、非谴责性的制裁，也会让他更加容易抵制犯罪的诱惑，从而服从其本人承认的道德义务。但是，如果认为制裁是赤裸的威吓，则制裁便没有尊重他的道德能动性。无论行为人服从的原因是什么，制裁机构都是在将他视为与需要控制的野兽类似者，而非重视行为规范理由的人（person）。

因此，在我对刑事制裁的证立结构中，谴责功能仍起着至关重要的作用。根据这种主张，对损害行为的谴责性反应，可以通过纯粹象征性的形式，或通过施加严厉处遇以传达非难的形式来表达。刑事制裁属于后一类型的反应。但是，它更喜欢纯粹象征性的反应，因为其具有补充性作用：作为反对犯罪行为的遏制因素。因此，预防功能仅仅是*在 谴责架构之内*（*within*）发挥作用。[28]

在刑罚的建构中，谴责与严厉处遇彼此交织。刑事制裁规定，一定类型的行为会受到一定严重后果的刑罚。那些后果既包含严厉处遇，又具体传达谴责。[29] 改变那些后果——在刑罚尺度之内，提升或降低行为的刑罚——将会改变对行为的传达的谴责的程度。刑罚的谴责特征与严厉处遇特征的相互交织，对比例性的基本原理非常关键，在下一章我们就会看到。

40

正因如此，我认为，刑罚实体的正当根据包含了一种涉及谴责、该当导向的要素，以及一种提供了反对损害行为的遏制因素、预防导向的要素。如此一来，它就背离了欧洲的（特别是德国的）刑罚理论的传统假设，即刑罚正当性必须要么是"相对的"（"relative"）（也就是，仅考虑犯罪预防），要么是"绝对的"（"absolute"）（也就是，完全基于抽象、普遍性质的道义论主

---

[28] von Hirsch and Ashworth 2005，Ch. 2.

[29] 如果严厉处遇是可分的，比方说，假定只有定罪才传达谴责，而随后的刑事剥夺具有纯粹的预防功能，那么，我此刻的论述就不能再继续了。这种剥夺，没有谴责，只是起预防作用，将构成一种赤裸的威胁，而不再是将这个人作为一个行动者来对话。

张）。在我看来，这种两分法严重妨碍人们提出可行的解释。㉚如果仅仅以犯罪预防作为刑罚的根据，则要证立多少人可以被正当地惩罚的规范性限制，就会变得很难。另一方面，如果刑罚是以道义论者提出的"绝对主义"（"absolutes"）为根据，对此的解释很容易沦为推测思辨，晦涩难懂；人们也会得出奇怪的结论——康德在其著名的海岛刑罚案（punishment on the island）中就提到过㉛——即使惩罚做了错事之人不能产生任何预防的好处，这种制度也必须保留。

法律上的刑罚是国家的一种制度，它需要对国家的参与进行解释，以此作为自身的正当性要素。传统报应论的重要缺陷之一，在于其未能说明国家在刑罚中的作用。我认为，前面的论述有助于弥补这一不足。毋庸置疑的是，国家最主要的职能之一是保护其公民的切身利益免受损害。正是这一任务，使国家可以对刑法中的那些损害行为类型予以禁止。我认为，以尊重公民的方式来履行这一职能，同样是国家的责任。谴责性制裁带着尊重来对待那些直接受它影响之人，纯粹"中性的"（"neutral"）制裁

41

㉚ 关于德国一位著名的刑法学者最近对这种二分法表达的怀疑，see C. Roxin, 'Prevention, Censure and Responsibility: The Recent Debate on the Purposes of Punishment', in AP Simester, A. Du Bois-Pedain and U. Neumann（eds.），*Liberal Criminal Theory: Essays for Andreas von Hirsch*（Oxford, Hart Publishing, 2014）Chs. 2, 23 – 24。

㉛ 康德举了一个例子：一个假设的国家位于一个岛上，其所有成员都将离开——因此，防止未来的犯罪就不再是一个问题。如果居民在离境前犯下严重罪行，犯罪人是否无论如何仍应受到惩罚——纯粹出于报应的理由？康德所举的例子实际上比其表面看起来的更复杂，因为还存在一致性（consistency）的问题：如果在更早时间犯了罪的犯罪人受到了惩罚，为什么最后一个罪犯应该被豁免？不过，略加改变假定，就可以消除一致性问题。想象一下，一个岛上的居民非常和平，即使没有法律制裁，犯罪也是极为罕见的。既然在很大程度上消除了预防的必要性，那么，是否还必须建立一种刑罚制度，以惩罚那些犯罪的极少数人呢？在其他地方，我认为不一定——更全面的讨论，参见本章接下来的部分。

却不会这样做，关于原因本章前面已经解释过了。[32]

但是，对于预防目的来说，如果刑罚实体并非必需，我的二元正当性（two-pronged justification）就会允许取消它。想象有一个假设的社会，社会和经济条件已经大大改善，掠夺行为极其罕见。要将掠夺行为保持在可以容忍的限度内，刑事制裁——以及其法庭设备、矫正机构和制裁——不再是必要的。在那样的一个社会，是否仍有必要保留刑罚实体以处理可能出现的偶发掠夺行为？也许不需要。在那样的一个社会，会希望保留某种形式的正式制裁（official censure），以传达对该种行为的必要非难，但随着犯罪预防的需要大大降低，就不再需要像刑事制裁如此雄心勃勃、具有侵入性且负担过重的实体。

在过去的三十年中，还有另一种刑罚报应论：安东尼·杜夫的（报应论）。[33] 本书的该当模式与杜夫的模式有很多相似之处。杜夫的模式要求比例性量刑，在很大程度上是基于刑罚的谴责含义。不过，他的该当模式对比例性的要求更为宽松，对严重程度相似的违法行为，允许在刑罚上有一定的特别调整。他的主张引发了浓厚的学术兴趣；它对刑事政策，尤其是对青少年司法及恢复性司法，也产生了影响。

尽管有相似之处，杜夫的模式与本书中我的该当模式存在重大区别：在各自对刑罚存在之基本原理的论述中。如果说我的论述是基于刑事制裁实体的谴责性特征，以及犯罪预防特征（参见本章），杜夫的论述是在强调刑罚作为一种赎罪的作用——为犯罪人提供一个公开补赎的平台。在安德鲁·阿什沃思和我于2005年出版的量刑理论著作中，我们解释了自己对杜夫的观点的保留

42

---

[32]　See also von Hirsch 2014.

[33]　Duff 1986；Duff 2001.

意见。㉞ 从根本上说，我们怀疑政府如此深入地盘究被量刑人的道德态度是否恰当。关于这样的观点分歧还可以有益地继续讨论下去。但本书意不在此，本书的主要目的是阐明我的该当模式版本以及其支撑理由。

拓展阅读

1. Husak，Douglas（2011）'Why Punish the Deserving?'，in D. Husak（ed.），*Philosophy of Criminal Law：Selected Essays*（Oxford，Oxford University Press）Ch. 4.

2. Kleinig，John（2011）'What does Wrongdoing Deserve?'，in M. Tonry（ed.），*Retributivism Has a Past. Has It a Future?*（New York，Oxford University Press）Ch. 3.

3. Matravers，Matt（2011）'Is Twenty-first Century Punishment Post-Desert?'，in Tonry，ibid，Ch. 2.

4. Robinson，Paul H.（2001）'Punishing Dangerousness：Cloaking Preventive Detention as Criminal Justice'*Harvard Law Review* 114，1429.

5. Wood，David（2002）'Retribution，Crime Reduction and the Justification of Punishment，*Oxford Journal of Legal Studies* 22，301.

43

㉞　von Hirsch and Ashworth 2005，Ch. 7.

第四章　为何要比例刑罚

　　在量刑政策中比例性始终发挥着至少是最低限度的作用：与行为的严重性相比严重过剩之刑罚，被认为是不该当、不公正的。法定的最高刑就反映了这一理解，它还有宪法上的根据：有些法域在宪法上禁止严重过剩之刑（grossly excessive punishments）。[①]但是，这种规定往往只会让比例性在量刑中起次要作用，比如，用以禁止对较轻之罪施加长期监禁。

　　当代的该当论其独特之处在于，在决定制裁时，它将比例性的

---

　　① 德国宪法法院采用了这样的信条（doctrine），禁止严重不符比例的（刑事）制裁；see BVerfoGE 50, 125, 1330。美国最高法院此前认为，严重过剩的刑罚违反了美国宪法对残酷、异常刑罚的禁令（see Weems v. US, 217 US 349 [1911]），不过，法院后来大大淡化了这一信条；see Lee, 'The Constitutional Right against Excessive Punishment' (2005) Virginia Law Review 91, 677；RS Frase, 'Excessive Prison Sentences, Punishment Goals and the Eighth Amendment: Proportionality Relative to what?' (2005) Minnesota Law Review 89, 571.

观念从那样的边缘地带移到了核心区域。这一理论认为，衡量刑罚的主要依据，应当是比例原则——要求刑罚的严厉性与被定罪之行为的严重性具有正当的比例。

很有必要检讨这一原则的正当性。为何应当按比例施加刑罚？已经出现各种可能的证立，有的是基于犯罪预防，有的则是根据与刑罚的谴责特征相关的公正理由。我认为，只有后者才能成为比例原则的坚实基础。

45

一、贝卡里亚与边沁的遏制论

在现代，最早为比例制裁原则辩护的是功利主义，在两个半世纪前由切萨雷·贝卡里亚（Cesare Beccaria）和杰里米·边沁（Jeremy Bentham）提出。② 他们主张从犯罪预防目的，尤其是一般预防目的出发，实行分级处罚的量刑表。他们认为，当人们要犯罪时，宁愿他们实施较轻之罪而非较重之罪。因此，国家应当根据犯罪行为的严重程度对其法定的制裁进行等级划分，以便诱使潜在犯罪人选择小偷小摸而非盗窃，或者，选择盗窃而非暴力犯罪。如果在科刑时不能遵守比例原则，就会产生错误导向的遏制性结构。选择犯罪的人会很快犯下更重之罪，而

---

② See J. Bentham, *An Introduction to the Principles of Morals and Legislation* [JH Byrne and HLA Hart（eds.）][London, Methuen, 1982（Original 1789）] 168; C. Beccaria, *Of Crimes and Punishments*（translated by Henry Paolucci）[Indianapolis, Bobbs-Merrill, 1963（Original 1764）]. 关于这些 18 世纪刑罚学者之观点的现代变体，see G. Stigler,‘The Optimum Enforcement of Laws’（1970）*Journal of Political Economy* 78，526；DW Friedman and W. Sjöström（1993），‘Hanged for a Sheep-the Economics of Marginal Deterrence’（1993）*Journal of Legal Studies* 22，345。

不是更轻之罪。③

　　但是，这种观点会使比例原则没有说服力，且容易出现例外情况。在裁量刑罚时，为避免量刑政策产生歪曲的刺激，通常情况下，最好是根据类似于犯罪严重性的某种标准。但是，这种方案可能会导致大量的例外情况，比如，对选定的中等严重程度之罪，为了遏制更有效而施加警示性刑罚＊（exemplary punishments）。因此，如果对比例原则的辩护，只是根据预防犯罪的效果，再无其他理由，比例原则就将丧失其作为独立性伦理要求的地位，在预防犯罪名义下，可以遭受到各种必要的削弱（dilutions）。

二、积极的一般预防：抵制——强化论

　　即使在功利主义盛行的时期，欧洲的刑法学者也倾向于将一般遏制的限制功能作为量刑政策的指导原则。他们提出了另

46

　　＊ 警示性刑罚是指通常并不严厉，为了阻止其他人实施相似犯罪而施加的刑罚。——译者注

　　③ 这种观点的问题在于，我们对遏制效果的了解有限。在根据遏制来决定量刑政策时，需要评估各种犯罪的发案率受刑罚变化影响的程度。我们距离获得这类可靠信息仍然甚远——而且现有证据表明，犯罪率并不太容易受到量刑严厉水平变化的影响［see AE Bottoms and A. von Hirsch, 'The Crime-Preventive Impact of Penal Sanctions', in P Cane and HM Kritzer（eds.）, *The Oxford Handbook of Empirical Legal Studies*（Oxford, Oxford University Press, 2010）Ch. 4, 98 - 106］。因此，几乎没有证据支持这种主张，即认为如果不遵守比例性，犯罪人往往会犯下更多严重罪行。

　　一种可能的对策是将边沁-贝卡里亚命题作为一项*预防*原则（*prophylactic* principle）来对待。在缺乏经验性数据的情况下，我们可以设想，如果（比如说）对中等程度之罪的处罚，提高到与严重之罪相应的严厉程度，会发生什么样的情况。如果制裁严重程度的变化对犯罪率的影响通常很小，就不会出现严重犯罪增长的反效果。然而，如果量刑的严厉程度关系到对犯罪的遏制，那么，反效果就可能会出现——转向了更多的严重犯罪。由于严重犯罪无论是对个人还是对社会来说，都是如此地具有破坏性，因此，那样的后果将更是不可欲的。关于这一设想方案更全面的讨论，see A. von Hirsch, A. Bottoms, et al., *Criminal Deterrence and Sentence Severity：An Analysis of Recent Research*（Oxford, Hart Publishing, 1999）41 - 43。

一解释，强调刑罚对公民抵制犯罪的强化作用（inhibitions against crime）。挪威的刑法学者约翰尼斯·安德聂斯（Johanners Andenaes）就认为，刑事制裁是"社会对犯罪行为之'非难'的具体表达"，从而"促生了有意或无意的犯罪抵制"④。

这一规范强化功能，有时被认为是比例原则的基础。比如，德国的很多法理学者就主张，刑罚要与犯罪的严重性一致，这样的刑罚结构才会被认为更加公正，并且只要如此认为了，公民的自我约束以及其对法律的尊重也会得到强化。⑤ 非比例性的制裁，被认为具有削弱刑罚结构之道德影响的危险。

这一说法尽管看似有理，还是经不起严密推敲。它最终还是一种犯罪预防的观念，涉及这样的主张：如果施加符合比例的刑罚，公民针对犯罪的道德抵制就能得到更好的强化，而这样反过来又能使刑法更好地发挥预防犯罪的作用。

一个自然会想到的问题是：要如何才能知道？事实上，几乎没有证据表明，多重的刑罚才会强化守法的态度。⑥ 对于刑罚如何强化谨慎的自我约束，在多大程度上强化了谨慎的自我约束这些问题，如果我们所知太少，比例制裁政策的基础就会岌岌可危。

---

④ J. Andenaes, *Punishment and Deterrence*（Ann Arbor, Michigan, University of Michigan Press, 1982）3 - 33.

⑤ C. Roxin, 'Zur jüngsten Diskussion über Schuld, Prävention und Verantwortlichkeit im Strafrecht', in A Kaufmann et al.（eds.）, *Festschrift für Paul Bockelmann*（München, CH Beck, 1979）304 - 07. 但是，在后来的研究中，罗克辛放弃了这一主张，see C. Roxin, 'Prevention, Censure and Responsibility: The Recent Debate on the Purposes of Punishment', in AP Simester, A. Du Bois-Pedain and U. Neumann（eds.）, Liberal Criminal Theory: Essays for Andreas von Hirsch（Oxford, Hart Publishing, 2014）Ch. 2。关于这一积极的一般预防论的证据性基础及伦理性基础的批评, see B Schünemann, A. von Hirsch and N. Jareborg（eds.）, Positive Generalprävention（Heidelberg, CF Müller, 1998）17 - 28, 83 - 100, 125 - 52。

⑥ See KF Schumann, 'Empirische Beweisbarkeit der Grundannahmen von positive Generalprävention', in Schünemann, von Hirsch and Jareborg 1998.

即使得到更有力的证据，积极的一般预防论也是不可维持的。它认为，不合比例的制裁，会引起公民对公正期待的预期"失望"，并可能减弱他们对犯罪行为的抵制。但是，没有理由相信，公民事实上有多么关心比例在量刑法中的作用；或者，即使他们的确在意，也没有理由相信，他们会去充分注意量刑原理的具体内容，并影响到其对犯罪的抵制。⑦ 这一论述，也未能解释我们的感觉：量刑比例不仅是一种审慎规范（prudential norm），还是一种*伦理*（*ethical*）原则。我们认为，施加与罪行之严重程度不相称之刑，本身是错的，而不仅仅是从长远来看它会招致相反的效果。对这样一种做错了的感觉，不能仅仅通过如下主张来解释：比例可以强化公民的守法倾向，进而影响公民的态度。 *48*

三、基于谴责的论述

在我看来，比例量刑的要求并非根据那样的犯罪预防考量，相反，它直接建立在刑罚中的谴责观念基础之上。

对某个人施加刑罚，其中所包含的（内容）是因为他犯了某个错误，正是在此前提下，用一种能传达出是因为他的错误才对其表示非难的方式。对他作出某种不快之事。如前（第三章）所述，施加谴责是刑罚最重要的正当性特征。因此，如果要问，为何要根据犯罪行为的严重性来按比例施加刑罚，答案并非它能提高犯罪预防的效率，因为那样做可能会，也可能不会。相反，比例刑罚的要求，应当是直接源自刑事制裁的谴责含义。一旦建立起具有刑罚谴责含义的制度，根据行为的可谴责程度对行为人施加刑罚，就成为正义的要求，而不仅仅是有效预防犯罪的要求。

---

⑦ W. Frisch, 'Schwächen und berechtigte Aspekte der Theorie der positiven Generalprävention', in Schünemann, von Hirsch and Jareborg 1998.

非比例刑之不正义，不在于其可能无效或适得其反，而在于非比例刑意味着虽然是因其行为而谴责行为人，却仍然将超出行为严重性程度的非难施加给了他。

对于以谴责来论证比例性的正当的某些评论是妥当的。很清楚的是，量刑比例原则并不有赖于主张如下事实：刑罚中的比例性增强了刑罚制度的预防犯罪效用。假定我们发现有证据表明，比例性刑罚并不比严厉的非比例性刑罚更有（以及，也许还不如其有）遏制效果。进一步假定，新的心理学证据表明，正式的刑事制裁，无论其是否符合比例，对于增强人们对犯罪的抵制几乎没有什么作用。此种证据是否意味着，可以完全忽略比例要求？当然不是。只要国家要通过刑事制裁实体，继续对暴力、盗窃及其他有害行为作出反应，就会将它要惩罚的那些人作为犯错之人来对待，且因其行为而谴责他们。如果制裁是因行为而谴责行为人，则国家反应的严厉性，就应成为关乎反映可谴责程度（行为的严重性）的正义问题。

这一论述，使用了在日常生活中以及刑法上普遍为人所理解的一种概念：谴责。这一概念认为，一旦建立起对犯罪行为进行反应的谴责性实体，则其制裁的分配方式就应当反映其谴责的逻辑，即，要与犯罪行为的可谴责程度一致。这一论述既没有预设任何以恶报恶的同态复仇观念，也没有预设报应文献中其他那些晦涩的概念。[8]

安德聂斯质疑的是，这一基于谴责的比例论是否在循环论证。[9] 他认为，只有在量刑的严厉性与对行为过错程度的判断发

---

[8] 参见前文第三章的讨论。

[9] J. Andenaes, 'Nyklassicisme, Proporsjonalitet og Prevensjon' (1988) *Nordisk Tidsskrift for Kriminalvidenskab* 75, 41；关于其回应，see A. von Hirsch and N. Jareborg, 'Straff och Proportionalitet-Replik'(1989) *Nordisk Tidsskrift for Kiminalvidenskab* 76, 56。

生联结的制度中，刑罚才会引起谴责。他认为，在一种制度中，如果量刑的分配规则是更加彻底的功利主义，则刑罚与谴责之间的联结很可能会消失。但是，刑罚与谴责之间的联结，比起特定法域的量刑规则，具有更深的根源（deeper roots）。谴责对于刑罚的本质概念来说不可或缺——这应该是显而易见的，无论是从先前我引用的论述（关于税金与罚金的差异性）〔来看〕，还是在更具理论性的层面（关于前一章描述的基于谴责的刑罚论）〔来说〕。

四、谴责论细究

可以将赞成比例原则的论点简单描述如下：既然刑罚的确且应当传达谴责，则刑罚的轻重就应当反映罪行的可谴责程度。但是，这一观点仍需详细说明。

50

概言之，在比例量刑的场合，需进行如下三个步骤[10]：

第一步：针对犯罪行为的国家制裁，应当以刑罚的形式，即是说，通过传达谴责或责备的方式施加剥夺。

第二步：一种制裁的相对严厉性，传达了谴责的严厉性。

第三步：因此，刑罚制裁的等级排序，应当根据行为的可谴责（比如，严重性）程度。

现在逐一检视这些步骤。步骤一反映了前一章的主张：对损害行为的刑法反应应当传达谴责。不含非难的"中性"制裁，不仅是效率（可能会）更低的预防装置，在道德层面上也不可取，因为它既不承认行为的过错性，也没有将行为人作为能够对其行

---

[10]　这一论证架构的提出最初是在：A. von Hirsch, *Censure and Sanctions*（Oxford, Oxford University Press, 1993）15–17。

为负责的道德能动者来对待。

步骤二也有提到过：在刑罚中，剥夺或严厉处遇是传达谴责的工具。特定类型的行为，如果被施加相对更严厉之刑，就将因此而被传达出更重之非难。[11]

步骤三——结论——体现了公正性的要求。如果行为人受到（且应当受到）经由制裁所传达的谴责，则对行为人的刑罚，就应当反映行为可被合理认定的可谴责程度。对此行为科处之刑，比对彼行为的更严厉，刑罚机构要传达的信息是此行为的过错更大（worse）——只有当此行为的确更错（worse）（比如，更加严重）时，这么做才是恰当的。如果刑罚严厉性的等级排序与犯罪的相应严

51 重性不一致，则可谴责性更低的行为就会不该当地受到更重的非难。

如果谴责是刑罚的唯一根据，则前述的比例性问题就太好理解了。但是，我在前一章（第三章）就提出，刑罚存在的正当性是混合型的，既依赖犯罪预防观念，又依赖谴责观念。这会制造一个特洛伊木马吗？即使犯罪预防只是刑罚存在的部分性证立根据，在决定刑罚的相对严厉性时，难道不可以单独依靠它吗？如果可以，就会动摇前述比例量刑的主张。[12]

---

⑪　关于谴责功能与预防功能"相互交织"（"intertwining"）的讨论，参见前文第三章，以及本章接下来的部分。See text accompanying nn 89 – 91.

⑫　美国一位刑罚学者提出了这种异议：如果刑罚具有谴责和预防的双重目的，为何不根据后一目的的分配刑罚？See D. Dolinko, 'Three Mistakes about Retributivism' (1992) *University of Chicago Law Review* 39, 1623. 随后，他注意到了我的回答：谴责是刑罚的本质特征，所以刑罚的相对严厉程度会传达出非难的程度。他的回答很奇怪：他断言道，既然（民事侵权）责任（tort liability）的先决条件通常是行为人的过错（fault），那么它（侵权责任）在某种意义上也传达了谴责。然而，民事赔偿的数额并不取决于过错，而是取决于原告的赔偿请求。那么，为什么需要把过错作为刑罚的量的唯一衡量标准？对多林科（Dolinko）之问的回答，应该是显而易见的：民事补偿（civil remedies）主要是用来进行赔偿（compensate），而不是像刑罚那样，把谴责作为核心的定义性特征。进一步的讨论，see A. von Hirsch and A. Ashworth, *Proportionate Sentencing: Exploring the Principles* (Oxford, Oxford University Press, 2005) 134 – 37.

谴责与预防这两个证立要素，如果分别作用于刑事制裁的不同特征，就会出现问题。比如，假如认为定罪的判断代表着对犯罪人的谴责，随后施加的刑罚仅仅是在实现预防功能，那么，在决定制裁的严厉性时，就可以单独根据预防理由，比例要求就会被忽略。但是，这样的模式是不可接受的，因为：如果刑罚只有预防作用，而不传达对犯罪人之行为的否定，则这种单一性的非谴责性反应，显然不具有我在前章中提到的那种刑罚正当性。我们所讨论的，就不再是一种谴责传达型反应：一种通过物质剥夺而非单纯象征方式来传达其否定的反应，预防是其补充性理由。相反，施加于犯罪人的剥夺，就将仅仅是预防性的，根本不是基于谴责；这将是一种"控制野兽"（"beast-control"）的〔反应〕类型，52 它不会将行为人作为道德能动者来与之对话（参见第三章）。

我提出的"混合型"基本原理（"mixed"rationale）的最关键之处是刑罚的谴责特征与严厉处遇特征之间相互交织。正是刑事剥夺，而不仅是定罪的判断，传达了谴责，并起到了作为审慎的遏制因素的作用。将刑事剥夺加诸犯罪人，即是对其施加了非难——只有当其具有过错时才正当的非难，这正是实体刑法应当遵守过错原则（fault-requirements）的原因。[13] 改变刑事剥夺的轻重，也将改变传达出的谴责的严厉性。这样做，只有在能反映罪行的可谴责程度（比如，严重性）的变化时，才会被允许——这就是比例原则应当被遵守的理由。一旦理解了这种关键性的相互交织特征，我们就无须再害怕特洛伊木马。

我提出的二元论，反对根据预防理由来确定刑罚的相对严厉性，简单说明一下原因。试想如下建议：对于特定类型的行为，加重对它的制裁（超过比例的量），以制造更强的犯罪遏制因素。

---

[13] See also von Hirsch and Ashworth 2005，135 – 37.

根据我的刑罚论，可以证立这一步骤吗：基于预防被认为是刑罚一般目的的一部分，而这一措施可以更有效地实现预防？不，它不可以的，理由如下。

第一，假定只是提高此类犯罪的法定刑就可以实现制裁的加重。刑罚的这一加重，会传达出对（*借由假设*）（*ex hypothesi*）不再有可谴责性之行为的非难被增加〔的信息〕。这一加重因此将遭受到反对，因为它对行为人的谴责超出了行为允许的程度。

第二，或者，先施加比例之刑，再实施独立的*非谴责性*（*non-condemnatory*）制裁，也可以实现制裁的加重。既然额外施加的内容不具有谴责性质，就不会出现谴责的不正当加重。但是，还会有一种反对意见：这一额外施加的非谴责性制裁，显然超出了我提出的严厉处遇的正当性的范围。我们讨论的将不再是一种既基于预防理由又包含物质剥夺的谴责传达型制裁。相反，额外的制裁纯粹是预防性的，根本不具有非难性。这是一种"野兽控制"（"beast control"）的类型，它没有将行为人作为道德能动者来与之对话（参见上文第三章）。

无论如何，这些假定证实了应当很明显的事实：按照我主张的方式，让预防成为刑罚的存在具有正当性的〔理由〕一部分，并不会导致它成为决定相对刑罚的唯一根据。在刑罚尺度上，一种刑罚的严厉性等级排序的任何提升或下降，都会改变所传达的非难的轻重——也因此，需要根据犯罪行为的严重性来证立。

拓展阅读

1. Ashworth，Andrew，and Lucia Zedner（2014）*Preventive Justice*（Oxford，Oxford University Press）.

2. Frase，Richard S.（2011）'Can Above-Desert Penalties

be Justified by Competing Deontological Theories?', in M. Tonry (ed.), *Retributivism Has a Past. Has It a Future?* (New York, Oxford University Press) Ch. 9.

3. Frase, Richard S. (2011) 'Excessive Relative to What? Defining Constitutional Proportionality Principles', in M. Tonry (ed.), *Why Punish? How Much? A Reader on Punishment* (New York, Oxford University Press) Ch. 17.

4. Steiker, Carol (2013) 'Proportionality as a Limit on Preventive Justice: Promises and Pitfalls', in A. Ashworth, L. Zedner and P. Tomlin (eds.), *Prevention and the Limits of the Criminal Law* (Oxford, Oxford University Press).　　*54*

第五章　基与序的比例性

　　对刑罚该当性观念的争论，大多是关于它在何种程度上指导对制裁的选择。报应论者被认为是在主张应当单独由该当性决定刑罚尺度。对此其他人并不同意，其中包括已故的芝加哥大学刑法学者诺瓦尔·莫里斯。他们认为，该当性概念仅仅提供了对刑罚严厉性的宽泛限制（broad limits）。在我看来，该当性的合理作用，事实上比任何一方认为的都要复杂。

　　莫里斯教授的立场，是他所谓的"限制报应主义"（"limiting retributivism"）——一种介于彻底报应主义（full retributivism）与直接刑罚功利主义（straightforward penal utilitarianism）之间的混合模式。[①] 他认为，该当性只能提供公正科刑范围的大致上、

---

　　① N. Morris, *Punishment, Desert, and Rehabilitation* (Washington, DC, US Government Printing Office, 1976); N. Morris, *Madness and the Criminal Law* (Chicago, Chicago University Press, 1982).

下限；在上、下限之间，犯罪预防目的（隔离考量与恢复考量）应当是决定性的。因此，该当性只应起到限制性作用，不能成为决定性原则。

用莫里斯的话说：

> 该当性并不是决定性原则，而是限制性原则。"正义的该当"（"just desert"）概念，规定了任一罪行可被判处的最高刑与最低刑，且有助于界定不同罪行之间的刑罚关系；对于合理的量刑来说，它的作用也就仅限于此，没有提供更多的微调（fine-tuning）。微调是由功利原则来实现的。[②]

莫里斯认为，该当性仅有限制性作用，是因为我们中没人能确切知道，对于任何特定之罪，多重之刑才是该当的。我们唯一能确定的是，什么情形在轻重程度上是明显不成比例（disproportionate）的。

莫里斯继续说道，既然该当性只是一种限制，那么，量刑者就没有义务对同等该当（或者相反，不该当）之罪，裁定同等严厉之刑。被告之行为的可谴责程度相似的案件，可能因功利目的而受到不同对待——假定那些不同的刑罚与犯罪的严重程度没有明显地不成比例。

但是，如果要问的是，该当性是限制性的还是决定性的时，就有必要具体说明：*限制或者决定的目的是什么？*（*Limiting or determining for what purpose?*）特别重要的是，要区分刑罚的序（ordinal）与基的维度（cardinal magnitude），即要区分如下问题：（1）与别的犯罪相比，此种犯罪应当被判多重之刑？以及

---

② Morris 1982. 对莫里斯观点的最近的分析，see RS Frase, *Just Sentencing*：*Principles and Procedures for a Workable System*（New York，Oxford University Press，2013）11-12。

（2）刑罚制度的整体的严重程度应当具有何种特点？将该当性视为对不同刑罚进行比较权衡时的决定性因素，并不意味着要主张，对于刑罚尺度的整体规模和量刑起点的确定来说，它也是决定性的。③

对于该当论来说，这一区别至关重要。在决定刑罚的序的排列时，该当性提供的指导比诺瓦尔·莫里斯在论文中认为的要多得多。但是，在决定制度的整体严厉程度以及其锚点时，该当性起的指导作用要更小（尽管有一些作用，我会对此说明）。容我对此解释。

一、序的比例性

序的比例性（ordinal proportionality）涉及的问题是，与相似之罪相比，与更重之罪或更轻之罪相比，此一罪行应当受到多重之刑。它的要求相当具体。被判定犯有严重程度相似之罪者，应当受到同等严厉之刑。被判定犯有严重程度不同之罪者，应当受到依严厉程度排列的相应等级之刑。序的比例性的这些要求，不仅仅是一种限制，如果被认定犯有具有相似可谴责性之罪者，由于隐秘不明的理由（ulterior grounds）（比如，犯罪预防）而受到严重不平等的制裁，也将是对这些要求的违反。根据前两章（第三章和第四章）描述的、基于谴责的刑罚观念，比较容易解释序的比例性的这些要求。既然此罪之刑比彼罪之刑更重就是在

---

③ 关于这一区别，我最早提出是在：A. von Hirsch, *Past or Future Crimes*：*Deservedness and Dangerousness in the Sentencing of Criminals*（New Brunswick, New Jersey, Rutgers University Press, 1985）United Kingdom edn.（Manchester：Manchester University Press, 1986）Ch. 4. 此后有重新表述，see A. von Hirsch and A. Ashworth, *Proportionate Sentencing*：*Exploring the Principles*（Oxford, Oxford University Press, 2005）137 – 43。

传达对前者的更严厉的否定，则只有在前者的确具有更强的可非难性时，那样做才正当。

这一概念可以防止的是，根据犯罪人之行为的可谴责程度之外的其他理由，解决量刑的相对严厉性问题。比如，它会排除如下情形：对一个盗窃犯施加的刑罚，比被定罪的其他盗窃犯〔的刑罚〕更严厉，不是因为其具体的罪行更严重，而是因为其表现出了再次犯罪的更大危险。

无视序的比例性要求，认为该当性仅仅提供了莫里斯所说的宽泛限制，就会忽略刑罚的谴责含义。假定有人认为，对特定类型之罪，低于 X 月的监禁是不该当地轻缓，高于 Y 月的监禁是不该当地严厉。假定有人认为，该当性仅仅提供了那些外部的限制——必须在 X 和 Y 之间的宽泛限制内的某处确定量刑——然后，在此范围内，允许主要根据犯罪预防理由确定制裁。这将导致的是，行为的可谴责性相同但（比如）表现出的再犯危险程度被认为不同的行为人，将被裁定严厉程度极不相同之刑。一个罪犯可能受到接近下限的刑罚 X，另一罪犯却可能受到接近上限的刑罚 Y。经由这些差异性的刑罚，两个罪犯被施加程度迥异的谴责，尽管其行为的可谴责性非常相似。事实上，较轻之罪的被告可能受到相对更重之刑，如果（比如）他被认为表现出了足够高的再犯危险。

57

二、序的比例性之次要条件：平等性、序的等级排序

比例性主要有两个次要条件。首先是平等性（*parity*）：如果行为人被判定犯有同等严重之罪，则应该当同等严厉之刑。这并不必然要求对一种法定犯罪类型内的所有行为施加同一刑罚——因为在该类型之内，行为的损害程度或可谴责程度有可能发生重

大变动。但是，一旦考虑了同一类型之内犯罪严重性的变化，由此导致的刑罚在严厉程度方面就应当实质性相同。（这一平等性条件有一重大例外，涉及前科的作用，第七章将会讨论到）。

第二个次要条件是等级排序（rank-ordering）。Y 罪之刑比 X 罪之刑更严厉，传达出对 Y 罪的更大非难，只有当 Y 罪明显更为严重时才应那样做。因此，刑事惩罚应当根据刑罚的尺度（scale of penalties）来等级排序，以使刑罚的相对严厉性反映相关之罪的严重性序列。正是序的比例性的这两种条件，使比例性提供的指导，比诺瓦尔·莫里斯之该当性仅仅起限制作用的观点所认为的，要多得多。但是，这些条件并不全都是"决定性的"（"determinative"）：关于任一罪行应受多重之罚，它们并没有明确的解决方案。在整体惩罚程度不同的两种刑罚体系内，同一罪行很可能受到轻重不同之刑。

三、序的比例性在多大程度上限制了对犯罪预防考量的依赖？

在决定量刑时，序的比例性要求会在多大程度上限制对犯罪预防的追求？这取决于特定的犯罪预防政策是否要求对罪行严重程度相当之人施加严重不平等之刑。以基于预防的隔离政策为例：被预测再犯危险更高之人，要受到更长的刑期以防止其再犯。由于对再犯危险的预测主要取决于与犯罪严重性无关的因素（最明显的是行为人先前的犯罪史）④，故使用这些因素来决定量刑的严厉性，会违反序的比例性之平等性要求。但是，并非所有

④ AE Bottoms and A. von Hirsch, 'The Crime-Preventive Impact of Penal Sanctions', in P. Cane and HM Kritzer（eds.）, *The Oxford Handbook of Empirical Legal Studies* (Oxford, Oxford University Press, 2010) Ch. 4, 114 - 17.

的犯罪预防政策都要求这样的不平等。比如，在某些情况下，恢复性考量就不会这样做。以被判定构成重罪且被送进监狱的人为例。在这些人中，被认为愿意服从处遇的那些人，在于监狱服刑的某个特定期间，如果被选中参加恢复性计划，这通常不会实质性地影响到其刑罚的严厉性，也因此而不会导致对平等要求的违反。同样，基于恢复性理由，要在同等严厉的非监禁刑之间选择时，人们也会发现序的比例性（下文第八章将会对此详细讨论）。在决定量刑的相对严厉性时，犯罪控制会被考虑到，换言之，只要这样做不会干扰到刑事惩罚的比例性序列。

四、基的维度、刑罚制度的锚定

一旦根据犯罪的相对严重性，对刑罚进行分级排列后，整体刑罚制度仍需要被锚定。这是关于基的维度问题。在这方面，该当性必须发挥更具限制性的作用。

原因在于，基的该当性判断，具有更大的不精确性。假定一个人正在试图为入室盗窃罪行寻找恰当而该当的刑罚。如果他已经决定了某些其他罪行的刑罚，则可以通过对比判断，确定盗窃罪的刑罚：与其他罪行相比，一起典型的盗窃罪（或某种亚型的典型盗窃罪）要更严重吗？严重多少？还是更轻微？轻多少？但是，此种判断需要有一个起点（starting point），基的维度问题，就是要寻找那样的起点。看起来，没有任何罪行，是可以轻易地将特定量的刑罚视为其唯一、该当之刑的。

只要想到作为比例主义量刑理论之基础的谴责观念，这一直觉就会被证实。序的比例性的评价，依赖对相对的可谴责性（comparative blameworthiness）的判断。但是，如果是以绝对的方法，而不是以比较的方法来判断，则刑事剥夺传达出的谴责，

59

就部分地是一种共识（convention）：通过一定严厉程度的刑罚，表达对犯罪行为一定程度的非难。如果刑罚尺度的设定，是为了反映犯罪的相对严重性，则在所有的法定制裁中，*按比例（pro rata）* 上下调整以改变整体的惩罚程度，就将会表明该种共识的改变。

序与基的这一区分，有助于解决在本章最初就提到的难题：根据该当模式，如何具体地确定该当刑？在确定刑罚尺度的整体严厉性时，该当性允许一定的活动余地（leeway）。这一活动余地就可以〔用来〕解释，对于一种罪行，为何不能确定唯一正确或恰当的刑罚。对于某类犯罪，X 月、Y 月或者其中的某个时长，是不是其恰当的刑罚，取决于刑罚尺度如何被锚定，以及其他那些更轻和更重之罪的法定刑。但是，一旦确定了锚点，序的比例性之更具限制性的条件就要被适用。这有助于防止如下情况：对被判定犯有特定类型之罪者，根据（比如）未反映罪行严重性的预防要素，对其中某些人裁定〔期限〕更长的监禁刑，对另一些却裁定〔期限〕更短的监禁刑。

五、对于刑罚结构的定锚有多大的指导作用？

这里的所谓解决方案，是否会导致刑罚尺度的定锚范围过宽？只要没有严厉到对明显轻微之罪施加极其严厉之刑的程度，是否就可以允许特别严厉的刑罚制度？我并不这么认为。

为何不可以？要明白原因，不妨先假定一种刑罚尺度：它根据序的比例性要求进行内部排序，其整体严厉程度与现有刑罚水准大致相似。如前所述，整体程度不同的刑事剥夺，其传达的谴责，如果部分地是一种共识，则合理的起点，就是关于严厉性的现有共识。由此将出现的问题是，那些规范是否应当改变——要

60

么刑罚水准整体提升，要么全面减轻刑罚。该当论者全都赞成后者，其中包括安德鲁·阿什沃思和我本人：刑罚水准不应提升得比当前实践中的更高，只要有可能，应当降低。那么，要如何论证这一观点呢?⑤

论证的方法之一，是借鉴超出了该当论范围的道德主张，且关切整体程度高的刑罚给被定罪者造成的额外痛苦。⑥ 扩大对监禁刑，尤其是长期监禁刑的依赖，会对被监禁者产生毁灭性影响。那样的额外痛苦，不能以"罪犯是该当的"作为理由来证立，原因已经说过：根据谴责导向的比例主义基本原理，在设定刑罚尺度的整体严厉水准时，存在很大的活动余地。温和的制裁制度，和更严厉的制度一样，都可以履行谴责功能。

此外，刑罚整体的严厉水准高，与刑罚的道德功能并不相容，前面（第三章）已经讨论过。通过刑罚的谴责特征，刑事制裁提供了放弃犯罪的规范理由，它可以给被视为道德能动者的人（human beings）使用：实施某种行为是错的，应当避免。因此，可以认为，刑罚的物质剥夺提供了补充性的遏制因素——给了公民（鉴于人之易犯错性，以及犯罪的诱惑性）守法的附加性审慎理由。但是，刑罚水准越提升，刑事制裁提供的放弃犯罪的规范理由的意义就越小，刑罚制度的纯粹威吓性面相就越占到主导地位——刑罚制度会越来越像是黑格尔所说的，"伸向狗的那条木

61

---

⑤ A. Ashworth，*Sentencing and Criminal Justice*，6th edn. (Cambridge，Cambridge University Press，2015) Ch. 4；von Hirsch and Ashworth 2005，Ch. 9；see also，G. Roebuck and D. Wood，'A Retributive Argument against Punishment'（2011）*Criminal Law & Philosophy* 5，73.

⑥ 关于这一问题的更完整的讨论，see A. von Hirsch，*Censure and Sanctions* (Oxford，Oxford University Press，1993) Ch. 5。该章还讨论了是否以及在何种程度上的问题，如果经验性数据是可得的，则对犯罪控制的目的，就可以在设定锚点时加以考虑。

棒"。这种论证方法会倾向于将刑罚保持在温和水准，倾向于限制严厉性的量刑。⑦

这一理论有多大的指导作用？毋庸置疑，对于刑罚制度的锚点设定〔而言〕，它只提供了有限的指导——刑罚制度的整体严厉度。但是，对于刑罚的相对尺度（comparative scaling）〔而言〕，它给出的指导非常多（尽管没有提供独特的解决方案）。因此，与本章一开始就提到的诺瓦尔·莫里斯的论文所认为的相比，该当性理论能够提供多得多的建构（structure）。⑧

拓展阅读

1. Frase, Richard S. (2013) *Just Sentencing：Principles and Procedures for a Workable System* (New York, Oxford University Press).

2. Lippke, Richard L. (2012) 'Anchoring the Sentencing Scale：A Modest Proposal' *Theoretical Criminology* 16，463.

3. Robinson, Paul H. (2008) *Distributive Principles of Criminal Law：Who Should Be Punished How Much?* (Oxford, Oxford University Press).

4. Ryberg, Jesper (2007) *The Ethics of Proportionate Punishment：A Critical Investigation* (Dordrecht, Kluwer Academic Publishers).

62

---

⑦ Ibid.，42－46；对此有趣的质疑，see M. Matravers, 'Is Twenty-First Century Punishment Post-Desert?', in M Tonry (ed.), *Retributivism Has a Past：Has it a Future?* (New York, Oxford University Press, 2011) Ch. 2。

⑧ 关于锚点的进一步讨论，参见第十章第六节。

第六章 严重性、严厉性及生活标准

比例原则要求，刑罚的*严厉性*应主要由犯罪的*严重性*决定。因此，需要有一种方法，可以分别评价犯罪*严重性*及刑罚*严厉性*这两个要素。假定有人主张，对 X 罪要施加 Y 刑罚。关于这一制裁是否符合比例性要求，首先要判断的是，与其他罪相比，X 罪有多大的可非难性；与其他刑罚相比，Y 的刑罚要严厉多少。

一、对犯罪严重性的评价

一些民意调查发现，对于不同犯罪之间严重性程度的轻重比较，一般大众表现出相当大的共识。[①] 量刑指导委员会也能够按

[①] 一系列实证研究评价了公众对犯罪的严重性的看法，这是从索尔斯坦·塞林（Thorsten Sellin）和马汶·沃尔夫冈（Marvin Wolfgang）的经典研究开始的，see *The Measurement of Delinquency* (New York, John Wiley, 1964)。这些研究为接受调查的人提供了对各种犯罪事件的简要描述，并要求他们对所述犯罪的严重性进行评级。研究表明，来自不同阶层的人，对犯罪的分级排列往往是相似的。关于最近研究的评论，see S. Stylianou, 'Measuring Crime Seriousness Perceptions: What Have We Learned and What else do We Want to Know' (2003) *Journal of Criminal Justice* 31, 37。

照严重性程度的轻重对比对不同犯罪进行排序,以制定量刑的数字指南——成员之间也不会产生太大分歧。② 虽然等级排序的任务被证明需要时间,但它并没有在委员会内部引起太多争议。

但是,这方面的理论仍处在欠发达的状态。应当采用何种标准评价犯罪的严重性,并进行等级排序?犯罪的严重性,取决于行为危险的损害程度(risked harmfulness),以及行为人的可谴责性大小。借助实体刑法给出的提示,可谴责性得以被评价。实体刑法区分有意行为(intentional conduct)、轻率行为(reckless)及过失犯罪行为(criminally negligent behaviour)。③ 对于量刑理论来说,应该可以对犯罪人对结果的意图(purposefulness)程度、漠然(indifference)程度、犯罪行为中的轻率(carelessness)程度进行借鉴。实体刑法中的宽恕事由理论(doctrines of excuse),也可以借鉴来制定部分性宽恕事由(partial excuse)的规范,比如,部分地受胁迫(partial duress),以及能力降低(diminished capacity)。④

但是,关于严重性的损害维度,实体法给出的提示太少,是很难评价的:法律并没有以体系的方式,正式区分犯罪的损害程度。那么,对于侵害不同利益之行为,要如何比较其严重性?比如,侵害财产利益的 X 罪,与主要影响个人隐私的 Y 罪,要如何比较?

基于生活品质衡量的损害理论,有助于回答该问题。在

---

② A. von Hirsch, K. Knapp and M. Tonry, *The Sentencing Commission and Its Guidelines* (Boston, Northeastern University Press, 1987) 96 – 101; see also RS Frase, *Just Sentencing: Principles and Procedures for a Workable System* (New York, Oxford University Press, 2013) Ch. 3.

③ See, eg., American Law Institute, Model Penal Code (1962), s. 2. 02 (2).

④ A. von Hirsch and A. Ashworth, *Proportionate Sentencing: Exploring the Principles* (Oxford, Oxford University Press, 2005) 186 – 87.

1991 年的论文中，尼尔斯·亚雷柏格和我就已提出这样的理论。⑤ 根据我们的理论，对加害型损害（victimising harms）的严重性进行排序，应当根据其对个人*生活标准*的典型影响程度。我们是在广义上使用"生活标准"这一术语，它是由哈佛大学经济学、哲学学者阿马蒂亚·森（Amartya Sen）提出的⑥，能同时反映经济利益与非经济利益。

生活标准的概念，与家庭相关，包括幸福（wellbeing）——指个人的生活质量。不过，幸福是可以高度个人化的：个人的生活质量取决于其特定的重要目标；比如，对于想献身于沉思和祈祷之人，物质上的舒适，日常的社会便利条件，并不重要。但是，森提出的生活标准，其所关注的，并非个体的生活质量或目标达成，而是实现特定生活质量的*手段或能力*（*means or capabilities*）。这些手段，有些是物质性的（住宅及财政来源），另一些却不是（比如，个人隐私）。森所说的生活水准，同样是标准化的，指的是*通常会*（*ordinarily*）促进美好生活的手段或能力。根据这一观点，如果一个人拥有健康和物质资源，以及通常可以用来拥有美好生活的其他手段，他就是享有了良好的生活标准。

用生活标准来评价损害的方法，有很多优点。首先，它看来符合我们评价损害的通常方式。加重的企图攻击罪（aggravated assault）为何会被认为比入室盗窃罪更有害？因为个人的生活质量——在其生活资源的意义上——受到的不利影响更大。其次，生活标准的观念允许使用（draw from）丰富的经验——包括刑法之外的经验。我们就可以问纵火袭击中的损害如何与意外火

64

⑤　A. von Hirsch and N. Jareborg, 'Gauging Criminal Harm: A Living-Standard Analysis' (1991) *Oxford Journal of Legal Studies* 11, 1.

⑥　A. Sen, *The Standard of Living* (Cambridge, Cambridge University Press, 1987); A. Sen, Amartya. *The Idea of Justice* (Cambridge, Massachusetts, Harvard University Press, 2009) Chs. 11–14.

灾造成的损害比较。最后，生活标准的分析法允许考虑文化差异。不同社会不同的生活安排，会影响到犯罪行为的结果，而不同文化间的规范区别，也会影响到那些结果对人们生活质量的冲击。比如，住宅内盗窃罪（residential burglary）的危害性，取决于通常情况下私人住宅在多大程度上是人们日常生活的中心，以及特定文化中隐私受重视的程度。因此，在另一种文化中，如果家庭具有不同的社会角色，如果对隐私的评价不同，则〔采用〕生活标准的分析法就可能导致对入室盗窃罪的不同评价。

亚雷柏格与我的分析，从区分犯罪通常涉及的各种利益类型开始。在特定类型犯罪涉及的利益被辨识后，通过评价其对生活水准的意义，就可以判断它的重要性。[7]

65 大多数的加害型犯罪（victimising offences）会影响到下列一项或多项利益：（1）人身完整性，（2）物质资源，（3）隐私，（4）尊严（比如，免受侮辱的自由）。比如，一起简单的住宅内盗窃罪主要是影响个人的物质资源和隐私。物质损失包括被盗或被损坏的物品，再加上维修的不便及费用。隐私的丧失，是陌生人对个人生活空间的侵入造成的。要评价行为的损害，生活标准的尺度就应当依次适用于每一方面。因此，在入室盗窃案件中，会首先从物质资源的维度展开分析。在这方面，生活标准受到的影响相对较小：典型的入室盗窃案中，被偷盗或毁坏的东西并不多，因此，通常情况下，被害人的物质生活不会受到很大影响。其次，需要考虑隐私维度。在这方面，基于隐私对良好生活的重要性，以及侵入住宅对个人隐私的通常干扰程度，评价的权重应

[7] 关于对不同类型犯罪之损害等级的评估的更近文献，see VA Greenfield and Letizia Paoli, 'A Framework to Assess the Harms of Crimes' (2013) *British Journal of Criminology* 53，864。

当要更高。这一分析模式的吸引力在于，对相关的每个方面——身体完整性、物质资源、隐私等，最终都可以根据同一标准进行评价：根据对生活标准的影响。这意味着，在入室盗窃案中，可以比较物质损失对生活标准的影响（通常情况下，相当有限）与侵犯隐私对生活标准的影响（要大得多）。还可以比较入室盗窃罪与涉及不同利益的其他加害型犯罪，比如，加重的企图攻击罪，它主要关系到人身完整性和人格尊严（免于侮辱的自由）。

　　为了推进这种分析，可以对生活标准进行分级。至少有四种层次的生活标准可以被用到：（1）生存，（2）最低限度的幸福，（3）最低限度"充足的"幸福，以及（4）标准程度的幸福。第一，生存，指的是存活，但仅仅是维持基本的人类活动能力，换言之，勉强度日。另外三种层次，指的是在纯粹的生存之上生活质量的不同程度。这些分层的作用，是大致衡量一种典型罪行对生活标准的侵犯程度。举个明显的例子，加重的企图攻击罪威胁生存，因此它比物质性盗窃危害要大得多——即使是在最坏情况下，物质性盗窃至少也给被害人留下了足够的舒适和尊严。

　　这一分析，主要是用来帮助评价不同类别（或次级类别）犯罪行为造成的通常损害。关键是评价典型情形，比如住宅内盗窃罪或特定类型的住宅内盗窃罪［比如，区分单纯的入室盗窃罪（burglary）与洗劫罪*（ransacking）］中的损害。比如，当约翰·琼斯（John Jones）的公寓被闯入，他最喜欢的体育奖杯被盗时，个人受到的伤害（injury）并不会被评价。正如我们指出的，与生活标准有关的是实现美好生活的*标准化的*（*standardised*）手段或能力，而不是特定个人的生活质量。只有在与通常情形明显有别的某些特别情况下，才应偏离这样的标准化评价。

66

---

　　*　洗劫罪指彻底搜查性的抢劫。——译者注

这一损害分析法（harm analysis）并不是提供现成答案的公式，因为在相当程度上，犯罪对个人生活标准的影响，本身就是一个事实与规范的判断问题。它主要是有助于分析直接影响自然人的犯罪，而非涉及集体利益的犯罪。[8] 尽管如此，损害分析法能用于指导对危害等级的评估。在瑞典、英国和德国法的语境下，有人也在尝试使用这种分析。[9]

二、对刑罚严厉性的评价

刑罚等级排序的先决条件，是有能力评价那些制裁的相对严厉性。如前所述，对监禁刑可以比较其持续期限，非监禁刑的严厉性也取决于其强度。三天的社区服务，看来要比三天的缓刑更严厉。

不少研究试图通过民意调查方式评价制裁的严厉性。挑选出的一组受访者，被展示了不同类别的刑罚，并被要求在数字评定量表上对其严厉性进行评级。这类调查往往表现出了一定程度的共识。[10] 但是，这样的研究并没有解释的是：严厉性意味着什么；受访者如此排名的原因；该原因是否合理。需要思考的是，对刑罚进行比较的基础应当（should）是什么——比如，提出一种理论，用以评价刑罚的严厉性。

关于刑罚的严厉性，一种可能的理论根据的是，作为一个人

---

⑧　在我们 1991 年的论文（von Hirsch and Jareborg 1991）中，尼尔斯·亚雷柏格和我的确试图将生活标准分析法适用于后一类型犯罪，但是，我们对于自己分析的这一侧面并不太满意。这一问题需要进一步研究。

⑨　关于生活标准的理念如何适用于瑞典量刑法的研究，see P. Asp and A. von Hirsch, 'Straffvärde'（1999）*Svensk Juristtidning* 151。关于这一理念在英国法上的适用，see A. Ashworth, *Sentencing and Criminal Justice*, 6th edn.（Cambridge, Cambridge University Press, 2015）Ch. 4；在德国法上的适用，see T. Hörnle, *Tatproportionale Strafzumessung*（Berlin, Duncker und Humblot, 1999）226–44。

⑩　See eg. L. Sebba and G. Nathan, 'Further Exploration of the Scaling of Penalties'（1984）*British Journal of Criminology* 24, 221.

来说，制裁通常会让其感到不快的程度。根据这一观点，民意调查是评价刑罚的有用方式，因为它反映的是〔受访者〕作为一个人对不同刑罚的严厉性感受。不愉快或不舒适最终都是主观性的：对不同剥夺的通常感受性问题。如果 Q 刑罚比 R 刑罚更令人不快，那仅仅是因为主观的感觉。[11]

但是，这样一种主观主义者的严厉性观念，会引起很多麻烦的问题。在从属于相似刑罚制度（penal regimes）的犯罪人之间，这一观念允许差异度大的刑罚。被定罪者中，有的很强硬，有的很温和。强硬者可能会被施加更重的剥夺，因为其感受性不那么强烈。这还会带来棘手的社会推断，因为面对剥夺，是强硬还是适应，与〔犯罪人的〕社会阶层有关。

主观主义者的方法，原则上似乎还不太周全。使刑罚的严厉性更轻或更重的，不是任何清晰可辨的感觉，而是那些制裁对受刑者之重大利益的干预程度。比如，强化缓刑监管（intensive probation supervision）的严厉性，不是取决于其任何直接意义上的"感觉很糟糕"（"feeling bad"），而是〔取决于〕它对诸如管理本人的生活或自主决定行为这类利益的影响。

因此，在评价犯罪的严重性时，相对于刚才提到的方法，利益分析法看起来是有帮助的。根据这一方法，制裁干预的个人利益越重要，刑罚就越严厉。刑罚的等级排序，可以根据其对犯罪人的行动自由、赚收能力等利益的通常影响程度。再根据那些利益对*生活标准*（在本章前述的意义上）的通常影响程度，来评价其重要性。这一利益分析法，同样符合我们讨论刑罚严厉性的方式。比如，如果要解释长期监禁为何是一种严厉制裁，自然就可根据它的剥夺对个人生活质量的重大影响程度来回答。

68

---

　　[11]　See AJ Kolber,'The Subjective Experience of Punishment'（2009）*Columbia Law Review* 109，182.

采用利益分析方法，意味着对严重性的评价会较少地依赖特定个人的偏好。如前所述，生活标准指的是*通常*有助于实现美好生活的手段和能力。在此意义上，如果特定的利益对美好的生活十分重要，就应给予其较高的等级序列——尽管有的人没有它也没有关系。监禁刑当然是严厉的刑罚，因为其剥夺的是行动自由和隐私利益，对体面的生活来说，它们通常是相当重要的——即使有少数被告人可能正好是幽闭癖者。这有助于回答该当性理论在某些时候会收到的反对意见：刑罚的严厉性绝无可能等级排序，因为人们对刑罚严厉性的主观感受性，被认为有很大的不同。⑫

拓展阅读

1. Bagaric，Mirko（2014）'Proportionality in Sentencing：The Need to Factor in Community Experience，not Public Opinion'，in Jesper Ryberg and Julian V. Roberts（eds.），*Popular Punishment：On the Normative Significance of Public Opinion*（New York，Oxford University Press）.

2. Markel，Dan，and C. Flanders（2010）'Bentham on Stilts：The Bare Relevance of Subjectivity to Retributive Justice'*California Law Review* 98，907.

3. Robinson，Paul H. and R. Kurzban（2006）'Concordance and Conflict in Intuitions of Justice'*Minnesota Law Review* 91，1829.

4. Ryan，Meghan（2011）'Proximate Retribution'*Houston Law Review* 48，1049.

69

---

⑫ 关于对这种异议的说明，see N. Walker，*Why Punish*?（Oxford，Oxford University Press，1991）。

第七章　前科的作用

　　传统量刑制度中，法官通常会考虑犯罪人的前科，进而调整量刑。但是，先前的犯罪记录应当占有多大权重，是不清楚的。被告的犯罪记录应当是量刑时的首要决定要素吗？或者，量刑应当主要反映当前犯罪的严重性，行为人的前科只会起到有限的调节作用？在同一裁量制度下，不同的法官对此问题会有不同的回答。不过，当一个法域（jurisdiction）在朝着更加明确的量刑裁定指南的方向行进时，关于犯罪记录应当具有的权重的判断及其理由，就变得十分关键。

　　这一问题不会有简单的答案。比如，有时候会听到有人声称，完全不应考虑犯罪记录，因为行为人因其先前的罪行，"已经受到了刑罚的惩罚"。但是，这种推理是一种循环论证。先前判决中已被认定的行为人的某些特征，如果影响到了行为人当下所受之刑的合理性，则调整对他的量刑，并不是因为前罪而对其二次处刑。比如，被告在初犯时得到了刑罚的减免，如果接下来他再次犯罪，因而被取消或减少该种减免，那也并不是在对他进行二次处刑。

先前犯罪记录的意义何在，取决于量刑基本原理建立在何种基础之上。强调预测或隔离的基本原理，会给予犯罪记录最高的权重。预测研究通常表明，在统计学上，与罪犯之再犯可能性主要相关的是其先前的犯罪历史，而非当下罪行的严重性。最适合（或者可以说，最不靠谱）预测再犯的，是罪犯先前被逮捕（尤其是，很早期的逮捕）及被定罪的记录，再加上其社会履历中的某些事实，比如使用毒品，或者没有稳定的工作。[①]

但是，为了当下的目的，我要提出一种该当性的基本原理：刑罚应当与被告之罪行的严重性成比例。根据此种基本原理，犯罪记录应具何种作用？对此问题，该当论者相互之间亦是意见不一。一派认为，完全不应考虑先前的犯罪记录。[②]另一派则倾向于一种"渐失性减轻"（"progressive loss of mitigation"）理论。[③]根据此种理论，首次被定罪的行为人应当获得刑罚的减免，但是，随着后续的再次定罪，该减免应当逐渐减少——故在一定次

① National Academy of Sciences, Panel on Research on Criminal Careers, *Criminal Careers and 'Career Criminals'*, in A. Blumstein, J. Cohen, J. Roth and C. Visher (Washington DC, National Academies of Sciences Press, 1986) Vol. 1; AE Bottoms and A. von Hirsch, 'The Crime-Preventive Impact of Penal Sanctions', in P. Cane and HM Kritzer (eds.), *The Oxford Handbook of Empirical Legal Studies* (Oxford, Oxford University Press, 2010) Ch. 4, 114-17.

② G. Fletcher, *Rethinking Criminal Law* (Boston, Little-Brown, 1978) 460-66; T. Hörnle, *Tatproportionale Strafzumessung* (Berlin, Duncker und Humblot, 1999) 164-66.

③ M. Wasik, 'Guidelines, Guidance and Criminal Record', in M. Wasik and K. Pease (eds.), *Sentencing Reform: Guidance or Guidelines?* (Manchester, Manchester University Press, 1987) Ch. 7; A. Ashworth, *Sentencing and Criminal Justice*, 6th edn. (Cambridge, Cambridge University Press, 2015) Ch. 6; A. von Hirsch, 'Proportionality and the Progressive Loss of Mitigation: Some Further Reflections', in A. von Hirsch and JV Roberts (eds.), *Previous Convictions at Sentencing: Theoretical and Applied Perspectives* (Oxford, Hart Publishing, 2010) Ch. 1.

数的再次定罪后，它将彻底消失。因此，犯罪记录并不要求额外调整。根据这一理论，减免还应被限制在一定范围。如此一来，行为人当下罪行的严重性，而非其犯罪记录的多少，才会成为决定刑罚严厉性的主要因素。

我赞同后一观点。行为人在初次定罪时应当受到较轻处刑，但是，在后续发生的定罪中，减免就应逐渐减少。本章就是要讨论为何（why）应当如此。对此的解释，需要与该当性观念（尤其是本书提出的基于谴责的观念）一致。

一、指向当下行为的解释

一个还是数个前科，这一事实会改变当前罪行的严重性吗？如果是，则行为人先前的罪行就必定要影响到其当前罪行的损害性或可谴责性。

行为人此刻为之受刑的罪行，其损害性不可能被前科影响。很明显，行为的直接结果或危险没有被改变。可以想象的是，有人会认为，有一种类似"损害"（harm）的东西被牵涉到了——蔑视（defiance）：重复犯罪者在受刑之后再次犯罪，会被认为是在蔑视法律。但是，正如尼尔斯·亚雷柏格正确指出的，在一个自由社会，蔑视不应当被认为是一种错，可以以此为据正当地加重行为该当的处罚。④ 将蔑视本身作为一种额外的"损害"来对待，其实是预设了关于国家与刑法的权威主义假定。

行为人当前罪行的可谴责性是否会受前科的影响？在 1976

④　N. Jareborg, 'Ideology and Crime: Basic Conceptions of Crime and their Implications', in R. Lahti and K. Nuotio（eds.）, *Criminal Law in Transition: Finnish and Comparative Perspectives*（Helsinki, Finnish Lawyers' Publishing Co., 1992）; G. Fletcher, 'The Recidivist Premium'（1982）*Criminal Justice Ethics* 1（2）, 54, 57.

年的论著中，我的确认为行为人的可谴责性受到了影响。⑤ 我认为，在被告（行为人）被定罪之前，只是法律禁令要与之对话的一般大众中的一员。他对禁令可能没有足够的注意，或没有理解其范围。但是，初犯所获之刑中包含的谴责，足够令人印象深刻，可以引起行为人对行为的过错性的注意。在此之后，再抗辩称自己对禁令可能无知或者欠缺注意，就变得越来越没有说服力。

但是，我后来已经确信，这一论述错了。⑥ 诚然，在有些情况下，初犯者可能没有完全认识到禁令、理解它的范围或可适用性。尽管在绝大多数法域，对法律无知的宽恕效果都会受到限制，但在量刑理论上，仍会给予此种无知（或部分无知）以加重或减轻可谴责性的效果。然而，初次被定罪的人中，很多人完全知道禁令和行为的过错性，但就是无论如何也要再次犯罪。无知、未能完全理解，或者欠缺注意，并不能成为对初犯普遍减免〔刑罚〕的根据。

二、指向犯罪生涯的解释

为何不关注行为人的犯罪生涯（crime career）？在日常生活中的某些语境中，我们会将一个人的生涯作为一个整体，来谈论其成败得失。学术团体定期提供的杰出研究奖项，就是这样一个职业该当的例子。候选人的姓名、简历及著作转到了专家小组；经过适当的审议，小组选择奖励其中的一人或多人，这个/些人的学术成果作为一个整体被考量，以彰显最高的荣誉。

但是，这种判断的逻辑，与刑法使用的逻辑不同。奖励不是

---

⑤　A. von Hirsch，*Doing Justice：The Choice of Punishments*（New York，Hill and Wang，Reprinted 1986（Boston，Northeastern University Press，1976）Ch. 10.

⑥　See A. von Hirsch，'Desert and Previous Convictions in Sentencing'（1981）*Minnesota Law Review* 65，591；von Hirsch 2010.

因为（*for*）任何特定的工作，而是与获奖人的整体成就相关。被提名者未被要求（如同在那些论文比赛中他们被要求的那样）提供任何新的著作。如果候选人的早期贡献被认为更重要，则其最近的努力，只会被评审们赋予很低的权重，或者完全不被考虑。

刑法有不同的架构方式。行为人是因特定罪行而受刑，而那正是他现在被定罪的依据。实体刑法对*犯罪*（crimes）进行定义、分类和禁止。[一种以犯罪生涯为导向的制度，将根据犯罪的频率、严重性而对人进行分类。它会让习惯犯法（habitual offender laws）成为刑法的原型，而不是例外。]现行审判程序和量刑程序的设计，是要决定被告对当前之罪有无罪责，并评价该罪的相关减轻或加重情节。但是，如果不发生重大程序性变革，刑事诉讼并无手段去谨慎地、有辨别力地调查一个人的整个犯罪生涯中的过错。⑦

但是，是否应当修改刑法以强调犯罪生涯，而不是犯罪本身？我并不这样认为。一种以犯罪为中心的刑法和量刑法，其优点在于它提供了对行为的合理评价。在量刑法官那里，主要考虑的是本案被告的当前罪行。刑事制裁可以由此而相当清楚地公开传达出该行为的可谴责程度。

一种基于犯罪生涯的制度，会让法律对行为的公开评价更加弥散。评价的重心，将不再是现在做了什么，而是谁做的、他以前这样做过几次。法律规则或原则的确需要对犯罪的严重性分级排列，以设定犯罪生涯的标准。但是，刑罚——作为上述考量之产物的、公开传达的刑事谴责，它是此种计算的产物——的变化，将取决于被告先前的犯罪记录，而非当前行为的严重性。其

74

---

⑦　评价一个犯罪人的"犯罪生涯该当性"（"career-desert"），需要他被判定有罪的过去之罪的相关深度信息，比如，需要得到所有过去之罪的加重或减轻情节信息。现行量刑程序及犯罪记录保存方法，根本无法证实这些事实。

结果就是，刑事制裁再也不能表明它是在承认（recognition）行为人被据以量刑之行为的过错性，以及行为所侵犯之权利的重要性。

三、替代性论述："容忍"、犯罪记录

从 1981 年的一篇论文开始，随着思考的深入，我已经确信，需要从不同的路径研究这一问题。[8] 我说过，对初犯的减免，不应依赖如下主张：缺乏对禁令的完全了解或尊重。相反，那本应是我们对人类本具之易犯错性要作出的让步。对初犯的反应要减轻，旨在给予某一事实（这个人的道德抑制先前起到过作用）一定的尊重；同时表达对可能导致初次犯罪的、太过人性的易犯错性的一定的同情。因此，这一观念是对人类脆弱性的有限容忍。

请注意，我们拥有此种容忍（tolerance），仅仅是因为，对于
75 人类及其本性，我们抱有，或者说应当抱有，某种期望。如果我们是天使，就不会需要它。如果我们对人的态度是彻底清教徒式，也会否认这种减免：在那样的观点看来，人之脆弱性是要被憎恶、被抵制的东西。但是，由于人并不是天使，也不应该被认为是，故一定程度的容忍看起来是恰当的。

但是，人易犯错的观念，如何与谴责、该当的观念精确地关联上？如果要做到这般的容忍，为何不继续减免，即使是在无数次的前科之后？既然有些人一犯再犯，似乎是人之本性，那么，为何不继续减免，即使是对多次再犯者？

日常的道德判断包含了失误（lapse）的观念。一种越界行为（transgression）（即使本质上很严重）发生后，如果是在此前服从和遵守的背景下出现的，则不会受到太过严厉的判断。这种观点要表达的是，即使素行良好之人，在意志薄弱或任性偏执时，

也有可能失去他或她的道德抑制。这样一种自我约束的丧失，是人之脆弱性的一种〔表现〕，应当给予它一定的理解。

在量刑时，我们要说到的失误，就不仅仅是道德上的过错（moral failure），还是对刑法规范的违反。我们要讨论的先前服从，是指以前没有实施过犯罪行为，也没有因此被定罪过。需要调查的仅仅是行为人的犯罪记录，并非他全部的道德生活。[⑨] 但是，对初犯减免的逻辑，仍然是对待失误的逻辑，只是要更宽容一些。

76

行为人初次被定罪，其刑罚被减轻，非难虽然由此而减弱，但仍然是谴责。它使行为人正视行为之过错性，并传达对该行为的非难。此种责难，应当给行为人以机会去重新考量、反思其行为的妥当性，从而决定追求不同的行为方式。这并不是要使行为人注意到行为是错的，因为他可能（对此）已经有了足够的了解。他的行为，可能不是无知的结果，而是将自己的需要或倾向，暂时凌驾于尊重他人权利这一要求之上的产物。但是，易犯错的人，是有能力那样做的，并且，先前的刑罚传达出的谴责，也给了行为人以机会去反思其不端的行为（misconduct）。

那么，为何最初应当减轻谴责和刑罚反应？这是因为，一般认为，人既容易犯错，又能够做值得被尊重之事（在意谴责）。易犯错性要求在一定程度上减轻最初的刑罚反应，以体现对失误

---

⑨　经验性研究的确表明，许多罪犯承认，其先前所犯罪行中，除了被正式逮捕及受到刑罚惩罚的，还有一些未受到过刑罚。See, eg., J. Petersilia, P. Greenwood and M. Lavin, *Criminal Careers of Habitual Felons* (Santa Monica, California, RAND Corporation, 1977) 15 - 18。在被发现、逮捕、起诉及定罪的过程中，没有刑事定罪的记录，并不能作为关于被告曾经是否真的犯过罪的可靠指标。但是，根据其他罪犯之推定行为的统计信息，要因先前的犯罪活动（previous criminality）而谴责面临第一次定罪的被告人，这并不公正，很多情况下也不准确。要否认被告可以享有的初犯地位的好处，量刑法官就应当证明，他对先前的犯罪的确负有罪责，且因此而被定罪、受到刑罚。证明他有罪责的可靠证据，应该是对该种犯罪的定罪判决。刑法中谴责的唯一模式，应当是在对被告作出有罪判决后进行量刑。

的有限容忍。被尊重的过程，也是减免被允许的原因，使一个人可以借此注意到那经由初次受刑而施加给他的非难，且能相应地改变他的行为方式。我们将这个人视为道德能动者，原本就是认为他能够作出此种反应，因此给了他"第二次机会"。

但是，在一定次数的重复后，为何就放弃了减免？这是因为重复越来越难以被描述为一种失误——暂时性的道德抑制的失败。受到刑事制裁之后的重复，同时表明了行为人自我抑制之努力的失败，而自我抑制本应是在受到谴责后要作出的反应。

是否存在特殊的情形，在其中，我们不愿意将重复行为视为未能认真对待先前的责难？值得讨论的是，当重复行为与减弱可谴责性的其他特殊表征联系在一起时，这是有可能的。智力受限人的重复犯罪，就是此种可谴责性减弱的一个例子，他的重复犯罪可以归因于不能完全理解先前的定罪传达的谴责。⑩

采取这一"容忍论"（"tolerance thesis"）并不涉及要采取犯罪生涯该当论（career-desert perspective）（在本章我已表示了反对）——这是因为，我的论述假设，对人的判断应主要根据其当前的行为。犯罪生涯该当型的判断却是不同的：当前之罪的严重性，仅仅是量刑时要考虑的因素之一，是与先前罪行的范围及严重性并列的一个因素；如果先前的那些犯罪足够严重，则被判定构成较轻之罪的行为人，现在就有可能受到更重之刑。

我是在对恢复论进行翻新吗？给予罪犯"第二次机会"，听起来像一种恢复论，但它并不是。我并不是要认为，对初犯减免在对行为人将来服从的诱导效果方面，会比全尺度的刑罚（full dose of punishment），做得更好。相反，对初犯的减免，正

---

⑩　根据瑞典法律，这种犯罪人可以主张减轻处罚，理由是该行为是基于"明显缺乏（manifest lack of）发展、经验或判断能力"。See Swedish Criminal Code, Ch. 29，s. 3.

是反映了对人之易犯错性的容忍，以及对道德能动者有关刑罚中的谴责的注意能力的伦理判断。

关于传统的刑罚恢复主义，特别令人困扰的是，刑罚的决定不是根据行为人在犯罪选择上的可谴责性，而是根据其对将来处遇的预期顺从。根据这一恢复主义，任何减免的可得性，都将取决于行为人对量刑的预期反应。如果他被认为是"易于顺从"类型（能够从初次受刑的减免以及任何可能的处遇方案中学会更好自我控制之人），他就将受到较轻的刑罚。但是，如果他被认为是"不易顺从"类型，则减免就会被否决。不过，按照我的观点，任何这样的挑选都不应被允许。每个（*every*）犯罪人都应享有减免，直至他的前科累积到必要次数而最终失去它；它并不取决于具体犯罪人对处遇的预期程度的反应。其原因再次体现在本书主张的该当性的传达论：每个犯罪人，作为一个人，都被认为是道德能动者，能够理解刑罚传达的谴责，并且相应地作出反应。只有根据其后续实际作出的犯罪选择，才会丧失容忍，失去相关的刑罚减免。

因此，这一论述虽然不是对恢复性量刑的翻新，但是，它包含了隐藏在恢复观念之后的、我们本能上觉得正当的某种东西。 *78* 这不是传统的实证主义观念所认为的，量刑应当基于犯罪人被诊断出的可治疗性。相反，人所具有的认真对待其行为所受谴责的能力，是一种具有道德维度且应当在刑法上得到承认的东西。

四、多次前犯？

在刑罚的减免应当消失之前，必须有多少次的重复？应当清楚的是，渐失性减轻不会允许无限次数的减轻。如果行为人不断地重复犯罪，就应当完全失去减免，且必须对最近一次罪行承担全尺度的刑罚。

在那些确实作出了反应且停止犯罪的人中，看起来（至少）

有两种类型。一种类型是素行良好，但在某个冲动或不智的反常时刻犯了错，受到刑罚以矫正行为。这种情形下，给他一个"第二次机会"可能就足够了。

另一种反应类型，也是那些在被定罪者中间研究放弃（犯罪）的犯罪学学者所熟悉的一种。这是已经开始犯罪生涯但在受到几次逮捕或刑罚后，开始努力放弃犯罪的人的反应。这种努力可能一开始迟疑不决：虽然他表现出已有放弃犯罪的真正、可靠的愿望，但是一开始就没能很好地实现，还不时地会倒退回去。但是，最终，他的确做到了停止犯罪。这是一种踌躇、渐进的放弃模式，往往与犯罪人的年龄、他想要更为传统的生活方式的明显愿望，以及对犯罪存在所具有的危害性感到不满有关。[11] 渐失性减轻模式有助于解释这里的第二种情况。减免逐渐被取消，为行为人改变其生活方式提供了持续性的道德诱因。

此前在讨论前罪的问题时，我没有充分注意到这些情形间的区别。因此，要去论证减免模式的基本原理，就得回到更适合第一种而不是第二种情形的说法。我提到了先前守法的犯罪人在意志薄弱或恣意偏执时实施了犯罪。这种话语模式（mode of discourse）在日常语境中是有道理的，在那里我们主要讨论的是素行良好个体之间的不端行为。但是，如果是讨论被定罪者中间的渐失性放弃，还需要更改表达和思考的方式。

在刑法与其他日常生活的场景之间，为何会有此种区别？原因之一，在于是否存在选择性准入标准（selective entry crite-

⑪ 关于在已被定罪的犯罪人之中的停止犯罪的不同模式的经验性证据，see JH Laub and RJ Sampson, 'Understanding Desistance from Crime', in M. Tonry（ed.）, *Crime and Justice：A Review of Research*（Chicago，Chicago University Press，2001）Vol. 28；Alex R. Piquero, DP Farrington and A. Blumstein（2003）'The Criminal Career Paradigm', in M. Tonry（ed.）, *Crime and Justice：A Review of Research*（Chicago，Chicago University Press，2003）Vol. 30，359。

ria)。如果可以只挑选更有改善可能性的候选人（就如同任命某人担任某一个学术位置或司法职位一样），通过最终将其排除在犯罪之外的方式来处理重复犯罪问题，就可以坚持对前不端行为（previous acts of misconduct）更低程度的容忍。在操作时刑事量刑应当对重复犯罪表现出更大方、慷慨的容忍，因为它并不能奢侈地享受限制性准入标准；并且将持续犯罪者予以排除。

五、实体背景与社会背景

上述关于选择性准入标准的说法，可以被看成是一个更具普遍性问题的一部分：重复性错误行为（repeated wrongdoing）规范的宽严性，应当主要取决于实体（institutional）背景和法律背景。刑法应当根据行为所涉组织体的类型，对重复性错误行为采取宽容的标准。对于其他类型的活动很可能其纪律标准中制定了更严格的条件。这里特别相关的是：（1）适用于该制度的行为规范的严格程度；（2）对该组织体的自愿参与程度，以及摆脱它的容易程度；以及（3）违反行为可能受到的制裁的严厉程度。在这些维度上，刑法与很多其他形式的活动在重要的方面存在着区别——这些区别应当反映的是，应当如何对待多次的错误行为（wrongdoing）。因此，我们应当注意对先前犯罪记录进行判断 *80*（prior-criminal-record judgements）的实体背景，以及刑法的特定作用和功能。

首先来讨论一种非刑事的监管形式：大学的纪律程序。鉴于原创性学问对大学学术工作的重要性，可以针对（比如）抄袭制定严格的标准。为了减少此类不端行为的初犯，或许可以允许严厉程度上的温和减免。但是，重复的行为（同样值得讨论的是，更严重的初犯），应当导致对违规教职人员的开除。如此一来，就没有多少空间允许"失误"了。为什么不呢？刚才提到的三个要素，有助于对此进行解释。因此，（1）大学应当在学问及学术伦理上高标准地要求其学术成员。（2）参加大学的学术机构系出于自愿。不愿或不能遵守这些学术规范，甘冒大学纪律处分风险的那些人，可以自由选择其他要求较低的职业。（3）大学可以作出的制裁本质上具有受限性：不得将失去自由或者剥夺民事权利作为一种制裁来施加。即使是最高的学术惩罚——开除，也会允许个人自由地追求其他工作。

对于先前的不端行为（misconduct），刑法应当采用不那么严厉的规范，因为实体的性质不同，特别是在刚才提到的三个方面。因此，（1）刑法对合理举止行为的标准不应过分苛求——因为那些标准应当有助于建立市民之间最低限度的社会交往规范。（2）遵守刑法中的行为规范的义务并不是自愿的。人人必须遵守。不喜欢遵守刑法中的举止规范的人，除了移民或自杀，没有谁可以退出这一实体（抄袭的学者却可以）。（3）刑法的制裁特别沉重，包含了剥夺自由。这三个要素应当要求不那么严厉的刑法规范，包括那些与重复性错误行为相关的刑法规范。

关于再犯问题，还有一个方面值得注意，且会影响到多次重复的减免递减。犯罪活动往往会随着年龄增长而递减，只有少数犯罪人是长期参与犯罪活动。[12] 渐失性减轻方案让行为人在遭受全尺度刑罚之前，有更多的机会对刑事制裁及其道德唤醒作出反应。到那个时候，无论如何，行为人的犯罪倾向很可能都会减弱。

六、实例：瑞典对再犯的处遇

这样一种渐失性减轻模式，在实践中要如何运作？瑞典的再

---

[12] Laub and Sampson 2001；A. von Hirsch and L. Kazemian, 'Predictive Sentencing and Selective Incapacitation', in A. von Hirsch, A. Ashworth and JV Roberts (eds.), *Principled Sentencing: Readings in Theory and Policy* (Oxford, Hart Publishing, 2009) Ch. 3.

犯量刑方案提供了一个实例。根据该国的量刑法，比例原则是量刑的指导原则，被告人之行为的严重性，是刑罚之严厉性的首要决定要素。通常情况下，瑞典的制定法只赋予前科有限的权重：被判定构成重罪的被告要受到监禁刑，即便此前没有被定罪过；较轻犯罪人则会受到非监禁刑，即使是再犯。

但是，对于中等严重之罪（如入室盗窃罪），犯罪记录就具有举足轻重的地位——但是，犯罪记录，与这里提出的"减免"方案，作用是一致的。对初次以及随后的几次定罪，行为人受到的是非监禁制裁，而不是监禁。只有在行为人累积到了相当多次的定罪之后——也许是四次左右，监禁才会作为最后手段而被使用。在到达该临界点之前，根据先前被定罪的次数，非监禁性反应的严厉程度会逐渐提升。初犯刑罚减免的结果，可能是受到一定数量单位的罚金，比如，相当于特定天数日收入的金钱，具体数额取决于行为的严重性。下一次定罪可能会招致更高数量单位的罚金，也可能是一定期限的包含了社区强化监管的缓刑。对后续的再犯，会有额外的调整，比如，将一定期限的社区服务作为刑罚。只有当一个人持续不断地犯罪时，才会面临一定期限监禁的完整、该当的制裁。

82

瑞典的例证表明了一种渐失性减轻模式是如何在实践中发挥作用的。它还表明了该当模式进一步的吸引力——有助于限制对严厉刑事干预的依赖。一名瑞典的盗窃犯，尽管在几次再犯定罪之后，仍将继续受到非监禁制裁——虽然越来越重，但只有经常性地再犯——比如，第三次或第四次被定罪——他才会受到一定期限监禁刑的全尺度的刑罚（尽管仍然是相对较短的刑期）。因此，这种方案有助于将一定程度的"节俭性"（"parsimony"）整合进该当性刑罚的规范之中。

但是，我对瑞典方案的拥护，是规范性与该当性方向上的；我无意于指出，采用此种渐失性减免将更好地促进放弃犯罪，进而减少犯罪。犯罪率通常对量刑模式的变化不太敏感。⑬ 因此，采用刑罚的减免并在多次重复中逐渐减少它，不大可能对犯罪率产生多大影响。

我亦并非要表明，瑞典的规范（因多次重复而逐渐减少减免）是在"追踪"（"tracks"）现实中的放弃犯罪模式。在那些的确停止了犯罪的行为人中，放弃的模式是不同的。有的是在第二次或第三次犯罪之后才停止犯罪——并且得到一定减免的优待。有的则是在开始付出显著努力去放弃犯罪之前，甚至想要追求漫长的犯罪生涯。后一种人没有资格获得减免，因为他们的放弃出现得太晚。因此，应当认为瑞典的再犯规定是以规范为基础的。也因此，它的标准应当反映出那些看来具有合理性的观点：在贯彻渐失性减轻原则时，要考虑刑事制裁运作所依托的实体背景与83 社会背景。

七、前科的严重性及次数

对前科的严重性，应该给予何种权重？日常生活中，在决定谴责时，先前不端行为的严重性会产生影响。比如，某人故意犯了一个严重错误，想要抗辩称该行为不能表现其过去的行为举止的典型特征（uncharacteristic）。假定这个人以前因为其他不端行为受到过谴责——不过是轻微得多的不端行为。他仍然可以合理地声称，犯下严重错误不符合他的典型特征。他可以抗辩："是的，我以前是做过一些轻微的不端行为，但如此（this）糟糕的事情，我却是第一次做"。

相同的逻辑也应当适用于量刑。一个人第一次被判定犯有重罪时，他应当有权辩称，可非难程度如此高的行为，不是他的典型特征，故应当得到刑罚减免——尽管他具有较轻程度的违反规

---

⑬　Bottoms and von Hirsch 2010，107 - 13.

则的记录。换言之，如果当前之罪很严重，则在让犯罪历史发挥调整作用的同时应考虑前科的严重性及频率。⑭

多少次的重复，才会使"容忍性"抗辩（"tolerance" plea）完全失效？我并没有现成的答案，这看来是一个判断问题。我在这里要主张的是，在一定次数的定罪之后，减免应当完全丧失，但这方面并没有一个神奇数字。我们已经讨论过，很显然的是，在几次重复后，抗辩会耗尽，行为人应被适用与该次犯罪严重程度相当的、"全尺度的"刑罚。如果在此之后，行为人还有再犯，他也不应得到更严厉的反应：这里只是没有减轻的正当理由，这个人应当受到此前一样的刑罚。如果允许在随后的每一次重复中持续加重刑罚反应，则即使是相当常见的不法行为，最终也将受到不该当的严厉刑罚。

84

这里的主题，涉及被告的犯罪前科在量刑中的作用。这是一个在该当论者之间存在意见分歧的问题。除了我本人的看法，最近还有两种分析的观点——一位是牛津大学犯罪学学者朱利安·罗伯茨（Julian Roberts），另一位是美国法理学学者李英杰（Youngjae Lee）。罗伯茨认为，渐失性减轻可以由犯罪人的可谴责性概念来解释⑮，相反，李则援引了不作为犯的理论。⑯

---

⑭　See von Hirsch 1981，615 - 16，620 - 21. 但是，假定当前之罪并不严重，则先前犯行的严重性应当如何计算，就会更有争议。比如，如果某人曾被判定犯有轻微的财产罪，则其先前的犯行，是不是别的更轻之罪，或是更重之罪，比如入室盗窃罪或抢劫罪，似乎并不重要。无论如何，犯罪人的记录表明，至少目前这种严重等级程度的犯罪并不是他的典型特征。

⑮　JV Roberts, 'First Offender Sentencing Discounts：Exploring the Justifications', in JV Roberts and A. von Hirsch（eds.），*Previous Convictions at Sentencing*（Oxford，Hart Publishing，2010）Ch. 2.

⑯　Y. Lee, 'Repeat Offenders and the Question of Desert', in Roberts and von Hirsch 2010，Ch. 4. 根据这位作者的说法，不作为的原因在于，被告人在第一次被定罪后没有改变其生活方式以减少犯罪的诱惑力。

拓展阅读

1. Bagaric，Mirko（2014）'The Punishment Should Fit the Crime-Not the Prior Convictions of the Person that Committed the Crime'（2014）*San Diego Law Review* 51，343.

2. Lee，Youngjae（2010）'Repeat Offenders and the Question of Desert'，in JV Roberts and A. von Hirsch（eds.），*Previous Convictions at Sentencing*（Oxford，Hart Publishing）Ch. 4.

3. Roberts，Julian V.（2010）'First Offender Discounts：Exploring the Justifications'，in JV Roberts and A. von Hirsch（eds.），*Previous Convictions at Sentencing：Theoretical and Applied Perspectives*（Oxford，Hart Publishing）Ch. 2.

4. von Hirsch，Andrew（2010）'Proportionality and Progressive Loss of Mitigation：Some Further Reflections'，in A. von Hirsch and JV Roberts（eds.），*Previous Convictions at Sentencing：Theoretical and Applied Perspectives*（Oxford，Hart Publishing）Ch. 1.

85

第八章　比例性非监禁制裁

　　监禁刑，尤其是长期监禁，是严厉之刑。在比例导向的量刑方案中，监禁刑应当适用于本质严重的犯罪。对那些较轻之罪，应当适用严厉程度较监禁刑轻的非监禁制裁。因此，合理建构的刑罚制度，要有规范、原则来指导此种非监禁制裁的尺度及适用。

　　非监禁刑要如何依该当性的基本原理来排序？英国法律学者马丁·瓦希克和我一起提出过一种模式。① 在本章我要介绍瓦希

---

　　① Wasik and A von Hirsch (1988), 'Non-Custodial Penalties and the Principles of Desert' (1988) *Criminal Law Review* 555. 该文是基于探索性目的（heuristic purpose）而利用数字量刑价目表（tariffs），以明确该方案体系内各要素之间的关系。但是，该当模式并不预先假定要实际制定出这种数字标准——因为其他的指导技术，比如，瑞典式的法定指导原则（statutory guiding principles）或英国式的叙述性指南（narrative guideline），可能是协助法官在进行量刑选择时更可取的方法［关于这种数字指南与法定量刑原则对比的问题，see A. von Hirsch, 'Sentencing by Numbers or Words?', in M. Wasik and K. Pease (eds.), *Sentencing Reform: Guidance or Guidelines?* (Manchester, Manchester University Press, 1987)；A. von Hirsch, K. Knapp and M. Tonry, *The Sentencing Commission and Its Guidelines* (Boston, Northeastern University Press, 1987) Ch. 3.］关于进一步的讨论，see S. Rex, *Reforming Community Penalties* (London, Routledge, 2013)。

克-冯·赫希（Wasik-von Hirsch）方案，并讨论其中提出的问题：非监禁制裁的尺度、刑罚之间的可比较性，以及违反非监禁刑的后备制裁（back-up sanctions）。

一、瓦希克-冯·赫希模式的基本要素

瓦希克-冯·赫希模式包含如下要素：

——根据行为人罪行的严重性，将非监禁制裁按照严厉性分成若干等级，因此，"中间"制裁措施*（"Intermediate" Sanctio），即是说，中等严厉程度的非监禁制裁，仅适用于中等严重程度之罪，不适用于较轻之罪。

——严厉程度相似的制裁之间，可易科，但是，易科的范围，要受到政策的限制（下文将展开讨论）。

——对违反非监禁刑量刑条件的罪犯，施加的后备制裁在严厉性上要严格受限。

这一方案优点多多。首先，它可以限制监禁刑的适用。作为一种严厉的制裁，监禁刑要为那些更重之罪而保留。对中等严重之罪，或较轻之罪，一般应采取非监禁刑。

其次，它可以限制中间制裁措施（比如，对犯罪人的大部分

---

　　* 中间制裁措施，又称中间刑罚（intermediate punishment），是比传统缓刑更严厉但比监禁刑成本低的刑罚执行措施。它是一种介于监禁刑与缓刑之间的刑罚，并与监禁刑和缓刑一起，共同构成了刑罚执行的梯度。中间制裁措施是社区矫正方式发展到一定阶段的产物，其制度目标主要包括通过限制违法者的自由，来保护公众安全；让罪犯为自己的罪行承担责任；解决毒瘾、失业等容易诱发犯罪的问题；让罪犯承担一定的中间制裁措施的费用，同时向被害人支付赔偿金。

　　中间制裁措施包含很多具体的执行措施，如严密监控下的缓刑/假释、"中途之家"、社区服务、本宅软禁、电子监控、短期军事化禁闭管制、日报告中心和罚金等。不同的措施可以并用，也可以先后适用。中间制裁措施适用于犯有特定罪行的罪犯：非暴力罪犯、罪行较轻的毒品罪犯、技术性违规但没有犯新罪的缓刑犯和假释犯。实施中间制裁措施的资金，在美国主要来源于联邦和州财政，同时罪犯本人也需要支付监管和毒品测试的费用。——译者注

收入或自由时间予以剥夺的非监禁制裁）对中等严重程度之罪的适用。不能仅因行为人被认为更有可能配合方案的要求，就将这种制裁适用于较轻之罪。犯了（比如）重大盗窃罪（substantial theft）而不是小偷小摸（petty thief）的被告人，才应当成为这种制裁的候选人。

下文会提到对可易科性的限制，正因如此，刑罚的尺度应当保持合理程度的简单明了。对每一严厉等级的制裁，通常都会规定一种类型的刑罚。严厉程度相当之刑，相互之间可以易科，但仅当存在特别的理由时，比如，被告没有能力承担通常之刑的作业任务（tasks）。不受限制的易科是被禁止的，单一被告被叠加数个非监禁制裁亦受禁止。

最后，非监禁制裁的撤销要受到控制。不能仅因犯罪人违反非监禁刑的技术性条件，就使其遭受长期监禁刑。

这些不同的特征，每一个都值得仔细研究。我从刑罚的易科问题开始。

88

二、易科：同等的刑罚痛苦性

在制定监禁刑的适用指南时，很少提到制裁的易科问题，因为监禁刑（尤其是相当长时间的监禁刑）比其他刑罚要严厉得多。但是，一旦涉及非监禁刑，问题就正式出现了：严厉性相当的数种刑罚是有可能存在的，在决定量刑时必须决定应当适用哪一种。

在该当模式下，刑罚易科的标准应当是相当的严厉性：大致相等的刑罚痛苦性。比例原则强调的是刑罚的*严厉性*，而不是刑罚的特定形式。如果制裁根据犯罪的严重性来排序，则用严厉程度大致相当的此种刑罚易科彼种刑罚，并不会扰乱序的比例性，即是说，它既不会扰乱刑罚反应的平等性，也不会扰乱其等级序列（参见第五章）。

如果采用上述标准，即严厉程度大致相当，就需要评价相关刑罚的相对严厉性，比如，多少周收入的罚金，才与一周的缓刑监管"等值"（"worth"）？在前面（第六章）我说过，严厉性是关于一种制裁对个人经营充足的生活通常所需利益的侵入程度问题。

犯罪预防的关切点何在？该当性的基本原理，并不允许在严厉性极不相当的刑罚之间，根据犯罪预防目的作出决定，因为那会违反序的比例性要求（尤其是，平等性要求）。③ 它反对选择性隔离这样的方案，后者是根据预测的再犯可能性，对罪行严重程度相当的犯罪人，判处〔时间〕长度显著不同的监禁刑。然而，如果两种类型刑罚的痛苦性大致相当，则比例性的平等要求④就会得到满足——在此情况下，可能会基于犯罪预防选择其中一种刑罚，而不选择另一种。

安东尼·博顿斯（AE Bottoms）教授提出了一个例证。⑤ 假定两名犯罪人 A 和 B 被判定构成中等严重程度的相似之罪。A 没有前科，且有相当"稳定"的社会背景。另一犯罪人 B 有大量犯罪记录。该当模式允许在无前科时，在有限的范围内减轻处罚（参见第七章），故与 B 相比，A 应当得到有所减轻的刑罚。但是，犯罪记录同样是危险的征表，应当如何考虑它？该当模式认为，犯罪人再犯的可能性，不应证立严厉性方面的任何重大差异。但是，危险可以用来决定刑罚的形式：因此，A 可能受到罚金刑这样的传统量刑，而对 B 的制裁，就可能包含有一定期限的

---

③ 关于比例性的平等性要求这方面的讨论，参见第五章。

④ 参见本书第五章第二部分。

⑤ AE Bottoms，'The Concept of Intermediate Sanctions and its Relevance for the Probation Service'，in E. Shaw and K. Haines（eds.），*The Criminal Justice System: A Central Role for the Probation Service*（Cambridge，Institute of Criminology，1989）.

强化缓刑监督（intensive probation supervision），以期（至少部分地）降低其再犯可能性。只要这些刑罚具有大体匹配的刑罚痛苦性，序的比例性要求也会得到满足。

数字量刑指南（numerical sentencing guidelines），如〔美国〕明尼苏达州的那样，往往在监禁制裁与非监禁制裁之间划定了明确界限。量刑等级表（sentencing tariff）对达到一定严重等级的行为规定了不同期限的监禁，对较轻行为则规定了非监禁制裁。⑥ 但是，任何这样的"硬性"（"hard"）划界都有其缺点，比如，一旦将刑罚尺度（penalty scale）从非监禁措施转向监禁刑，就意味着在严厉性上不恰当的巨变。

该当性的基本原理不要求如此悬殊的界分，因为有期限的隔离，在严厉性上可能与义务更重的非监禁制裁相当。⑦ 如果存在这样的相当性，就应当允许易科。因此，刑罚尺度就可以在其上部区域，规定长期隔离不得易科。紧随其后、相对较低位置的刑罚区间，可以留给比较有侵入性的社区制裁，比如家庭拘留（佩戴电子监控设施）。但是，在这里，可以将短期的完全监禁作为一种易科刑——以天或周来计算。比如，如果犯罪人有脱逃前科，就表示其不太可能遵守家庭拘留的禁令，此时就得易科。但是，完全监禁（full custody）的期限必须适度，同时还需要调节，以便在严厉性方面与通常适用的非监禁刑进行比较。需要强

90

---

⑥　关于对〔美国〕明尼苏达和俄勒冈两州的数字量刑指南的详细分析，see A. von Hirsch, 'Proportionality and Parsimony in American Sentencing Guidelines：the Minnesota and Oregon Standards', in CMV Clarkson and R. Morgan （eds.）, *The Politics of Sentencing Reform* （Oxford，Oxford University Press，1995） Ch. 6，and RS Frase, *Just Sentencing：Principles and Procedures for a Workable System* （New York，Oxford University Press，2013） Ch. 3。关于数字指南的一般讨论，参见第一章，在该章的脚注㉚-㉝中有讨论。

⑦　See, however, N. Padfield, 'Time to Bury the Custody "Threshold"?' （2011） *Criminal Law Review* 8，593.

调的是，短期监禁刑与其他制裁的易科，应当被限定为在严重程度上处于中上区域之罪。一旦允许将监禁刑适用于较轻之罪，则比例性非监禁制裁的整体政策就会受到损害。

易科是否应当受到一定的政策性限制？该当性的基本原理可能允许不同程度的易科——从完全不允许到广泛的允许。在极端情况下，可能有完全不得易科的刑罚尺度。那样的刑罚尺度，包含不同幅度、逐渐趋严的刑罚，（比如）在该刑罚尺度的最底部，是警告及小额罚金，其次是更重的罚金刑，再次是社区服务，最后是处在顶端的完全监禁（full custody）。在每一幅度内，都可能规定单一类型的制裁，比如，在中等严重程度的范围内，（与收入相关的）大额罚金刑可能是唯一的制裁。正如比例性所要求的，这样的方案是根据罪行严重性对行为排序分级。它可以大大减少监禁刑的适用，因其要求将监禁刑限制适用于严重性处在较高区域的犯罪。尽管如此，固执僵化仍是其重大的缺点，比如，在通常要适用罚金刑的场合，它可能会禁止法庭易科缓刑，即使〔对象〕是对这种缓刑监管会作出反应的犯罪人，也是如此。除此之外，特定幅度区间的法定制裁，有可能无法适用于某些类型的犯罪人。比如，对于缺少稳定收入的犯罪人实施的处于中下区域的犯罪，不可能适用罚金刑。

还有一种完全相反的方案，即"完全易科"（"full-substitution"）。只要不改变最终的严厉性，任何特定之刑，都可易科其他任何刑罚。有的数字量刑标准，没有规定特定的制裁，只是规定了"刑罚量"（"sanction units"），即是说，严厉性的量。比如，对一种中上严重程度的犯罪，法律规定了一定刑罚量的惩罚。这些刑罚量，根据具体刑罚的严厉性，再转换成实际的刑罚。由此，合理刑罚量的量刑，可以通过多样化的量刑选择来实现。不同的刑罚可以叠加，以实现法定的刑罚总量。

但是，后一方案在实施时有重大瑕疵。针对就不同制裁的严

91

厉性进行测量和比较的能力，它预设了一定程度的、不太可能存在的精准性。在受限制的易科方案中，我们可以判断，法定刑是否大体上根据严厉性来排列。但是，叠加的刑罚越多，这样的叠加越容易，刑罚的轻重对比就越难。此外，为何需要完全的易科，也不清楚。易科主要在两种情形中有用：（1）常规刑罚不能切实得到执行，需要容易执行的易科刑，以及（2）易科可能有更大的预防效果，正如安东尼·博顿斯前引例子中的情形。[8] 在另外一些情形下，必定也可以易科，但是，不受限制的易科这样一种自助餐式的量刑（cafeteria-style sentencing）究竟有何益处，人们并不清楚。

剩下的就是受*限制的*（*limited*）易科：同等严厉的制裁中，有的更可取——这正是瓦希克-冯·赫希模式的主张。这一方案认为，在每一严厉等级的刑罚尺度上，都会规定一种类型的刑罚，这是通常会建议的制裁。但是，基于某些特定的理由，可以易科同等严厉的其他类型的刑罚。可以是出于预防理由（比如，量刑的法官有特别的理由相信，易科刑有助于诱导犯罪人抵制再犯），也可以是行政管理的原因（比如，常规量刑不能有效地适用于此类被告人）。瑞典选择了这种易科受限制的刑罚方案，比如，对于被认为有可能受到缓刑监管影响的犯罪人，该方案允许使用附条件的量刑另加罚金来易科强化性缓刑。[9]

三、违反要求的后备制裁

非监禁制裁要求有后备制裁（back-up sanctions）。对于（比如）被裁定缓刑但拒绝遵守其应当遵守的监督条例的个人，需要有相应的措施。

---

[8]　See text at n. 3 above。

[9]　Swedish Penal Code，Ch. 30，s. 7.

在英美法域，对于非监禁型的违反，往往会被制裁收监（imprisonment）。传统形式的非监禁刑明显就是如此。比如，缓刑就包含了附条件处置措施（conditional disposition），据此，只要行为人遵守社区监督的特定条件，裁定的监禁刑就会暂缓执行。如果行为人违反了那些条件，暂时保留的监禁刑就会被适用。

但是，对于非监禁刑，尤其是中间制裁措施的违反，要广泛地依赖监禁来制裁，会带来很多的麻烦。受到这些制裁的犯罪人，通常会有太多的要求需要遵守，其遵守的情况也往往会受到更彻底的监控。因此，相对于罚金或缓刑那样的传统非监禁制裁，前述的违反更有可能被发现。⑩ 但是，如果违反非监禁刑的要求就可以轻易地诉诸监禁，那会意味着更多这样的犯罪人最终会入狱。

93

当某人未能或拒绝遵守非监禁制裁的例行要求时，这种违反可以被认为涉及两个要素。（1）犯罪人原判刑罚未履行完毕，且对未履行部分仍以某种类似的方式"承担着义务"（"owes"）。（2）有争议的是，违反行为本身可以被认为是具有可谴责性的行为，需要一定的额外刑罚。如果这些要素得到确认，就会很明显地看到，该当性的基本原理为何应当限制违反非监禁刑应受制裁之严厉性；从而：

——要素（1）要求的是，原判刑罚之未履行部分，要以更容易得到执行的其他形式来履行。从定义上说，它并没有证立更严厉的反应。

——要素（2）要求的是，根据违反行为本身的可谴责性大小来适当增强刑罚的痛苦性。问题在于，可谴责性有多

---

⑩ 在许多法域（尤其是美国），缓刑被作为非监禁刑的首选，案件量特别大，而实际监管少之又少。

大？对于加害行为，可以根据其对被害人的生活质量的通常破坏程度，从严重性角度评价可谴责性大小［参见第六章第一部分（一）］，但是，违反行为本身（*per se*）并没有被害人。没有理论架构可以用来判断此种行为的可谴责性。但是，从直觉上说，违反制裁的行为似乎很难与那些被认为严重到足以寻求监禁刑，尤其是较长期限监禁刑的犯罪行为（比如，那些暴力行为）相比。

在此基础上，瓦希克-冯·赫希模式主张，对于违反制裁的情形，只需在严厉性上适当提升。违反制裁，可能会导致犯罪人所受制裁的严厉性等级，高于其初始制裁所在的等级。[⑪] 是否要采取这种特定规则，取决于刑罚结构的性质，也取决于对要素（2）——违反制裁的行为的可谴责性程度的判断。但是，应当明确的原则是：对违反制裁的行为，只应要求适当地增加刑罚，应当谨慎适用监禁刑。

目前为止，我们讨论了对非监禁刑的那些条件的违反，它们规定了犯罪人必须承担的、作为其刑罚的例行要求的性质。某些 94 类型的非监禁制裁，比如，缓刑，增加了犯罪人不得再犯的附加条件。但是，对于再犯（reoffending），应当区别对待：为累犯（recidivism）的一种情形。因此，量刑应当主要根据新罪的严重程度，再考虑到重复犯罪而适当地加以调整。这是前一章（第七章）讨论前科时就提到过的。因此，只有当行为——把这种调整也考虑在内——足够严重到可以证立监禁刑时，监禁刑才会被允许〔适用〕。

---

⑪　出于探索性目的（heuristic purposes），瓦希克-冯·赫希模式根据犯罪行为的严重性范围（range），设定了一系列严厉性升序的幅度（band）。这种方案允许向上移动一格（band），作为违反制裁的刑罚。See A. von Hirsch, Andrew and A. Ashworth, *Proportionate Sentencing：Exploring the Principles* (Oxford, Oxford University Press，2005) Ch. 9，155 – 61.

拓展阅读

1. Bottoms，AE，S. Rex and G. Robinson（eds.）（2013）*Alternatives to Prison*（London，Routledge）.

2. Kahan，Dan M.（1996）'What do Alternative Sanctions Mean?' *University of Chicago Law Review* 63，591.

3. Lovegrove，Austin（2001）'Sanctions and Severity：To the Demise of von Hirsch & Wasik's Sanction Hierarchy' *Howard Journal of Criminal Justice* 40，126.

4. Morris，Norval and M. Tonry（1991）*Between Prison and Probation：Intermediate Punishments in a Rational Sentencing System*（New York，Oxford University Press）.

5. Padfield，N.（2011）'Time to Bury the Custody "Threshold"?' *Criminal Law Review* 8，593.

95

第九章 "修正的"该当模式?

　　该当性理论设定了量刑目的之间的优先顺位：它认为，拥有以比例性为导向的制裁，比寻求隐秘不明目的（ulterior objectives），比如对被认为可能重返犯罪之人进行隔离，更重要。这自然会让人们觉得不舒服：为何不能既追求比例，又（and）追求其他想要的目的，无论是处遇、隔离，还是遏制？

　　在很大程度上，该当模式的确允许考量其他目的：只要符合刑罚的比例性序列。在严厉程度大致相当的两种非监禁制裁之间，如果根据比如恢复这样的理由，选择了其中之一，而没选择其他，这样做并未违反比例性要求。因此，该当论者提出了旨在兼容其他目的的方案。制裁的严厉性将根据犯罪的严重性而等级排序，但是，如果要考虑比如恢复这样的理由（参见第八章二部分），也可以易科严厉性大致相当的其他刑罚。尽管如此，该当模式仍然具有重大的限制作用：此种隐秘不明的目的（ulterior aims），仅在不会实质性地改变刑罚的相对严厉性时，才可以考量。那么，为何不采取"混合"模式（"mixed" model），那样就可以适当放松比例性的限制，从而扩大范围以追求其他刑罚目的？

我在这里要讨论的，是一种混合模式：仅允许有限偏离比例原则的模式。正如本书所说，如果比例性是重要的公正性限制，就应限制对隐秘不明目的（ulterior ends）（包括犯罪预防在内）的追求。混合模式仅在特定情形下、在合理受限的程度上偏离比例性，仍可被认为是大体上公正的方案。正是此类方案，可被称97 为"修正的"该当模式。

读者诸君在这里能感觉到某种犹豫。要建构一种理论，以让人可以判断在追求其他目标时比例性何时会被推翻，并非易事。而令这一问题更加困难的是，我在这里讨论的模式，只会在有限的程度上偏离比例要求。职是之故，一方面，不能以明显不公平为由否定此种方案；另一方面，从这种有限的偏离中可以得到多少额外的好处，亦很不清楚。检讨这一混合模式，就是为了澄清坚持比例性并不会排除追求其他目的：我们会同意的是，制裁应当主要符合比例要求，但仍可以考虑一定程度的偏离。

一、特殊的偏离

要检讨混合型方案，从数十年前美国刑法学者保罗·鲁滨逊（Paul Robinson）提出的那种方案出发，也许是有帮助的。[1] 根据他主张的模式，通常情况下，应当根据犯罪的严重性对刑罚进行衡量，这正是比例原则所要求的。但是，在某些特殊情况下，即是说，当需要预防"难以容忍程度之罪"（"intolerable levels of crime"）时，从（from）序的该当性要求朝上偏离，也是允许的。对于这种偏离，鲁滨逊提出了进一步的限制：即便讨论的是重罪

---

[1] PH Robinson，'Hybrid Principles for the Distribution of Criminal Sanctions'
(1987) *Northwestern Law Review* 82，19.

预防，也不允许过度（gross）偏离比例性。鲁滨逊用了一般性术语来概括他的模式——所使用的术语，类似于在犯罪率方面，要预防"难以容忍的"（"intolerable"）增长。但是，什么可以容忍，什么又不可以，这是一个判断问题，鲁滨逊并没有提供更多标准，来作为"偏离"问题的思考方法。

对鲁滨逊模式（Robinson's model），如何才能为之辩护？最容易想到的论证，是用对患有极易传染的重疾患者的隔离来类比。被隔离者当然不该失去自由，因为成为病毒携带者通常不是他们的过错。他们被剥夺自由，仅仅是为了保护其他那些无数幸存的健康人员。隔离传染病患者的合理性，就在于相对于正义观念来说，社区的生存被认为是最重要的事。

但是，经进一步思考，〔会发现〕用隔离来对比并没有多大帮助。此处讨论的犯罪损害，在规模上与重大传染疾病的灾难性后果没有可比性，比如，普通犯罪对公共安全的威胁，并没有瘟疫或霍乱的威胁那么大。

与隔离不同的是，刑罚还包含谴责。受到加重刑罚之人，遭受了额外的刑事谴责，其根据却不是他或她的行为——相比之下，我们并不认为被隔离的个人该当（deserving）隔离。此外，用隔离来类比太有挑战性了。一个被隔离的人，只要仍是疾病携带者，就可能受到无明确期限的禁闭，无须考虑其过错。但是，鲁滨逊模式只是在特殊情况下放宽了该当性限制，并非要取消它——正是因为他的限制，额外之刑就不会过度地不合比例。

在隔离之外，还可以有其他的论证方案吗？罗纳德·德沃金（Ronald Dworkin）的权利模型（model of rights）在这里可能会有所帮助。② 德沃金认为，公正的约束构成针对公众福祉的抗辩

98

---

② D. Dworkin, *Taking Rights Seriously* (Cambridge, Massachusetts, Harvard University Press, 1977) Ch. 7.

主张：公正的约束应当受到尊重，即便无视它会促进更大的社会整体福利，亦是如此。比如，在刑事审判中，证据要超越合理怀疑的要求，就是此种公正约束的实例之一。它旨在防止对无辜者不公正的定罪，故应当被遵守。即便较低的证明标准会使真正有罪之人更容易被定罪，从而有助于增强预防犯罪的效益，结论亦是如此。③

但是，根据德沃金的分析，公正性抗辩（fairness claims）是*表面抗辩*（*prima facie* claims）：如果有足够紧急的抵消性考量，它在某些时候是可以被推翻的。德沃金认为，推翻的理由之一是，对公正约束的维护，使社会效用的损失达到了特别的程度：用他的话说，如果"社会成本不仅是简单地增加，其增加的程度，超越了赋予原初权利（original right）所要付出的（社会）成本，则其增加的程度，足以证立对可能相关的尊严或平等的任何侵犯"④。

根据此种方案，在何种时候比例原则将不得不服从犯罪预防的考量？通常是不会的，因为将比例性看成公正性约束，就是为了在决定量刑时，限制追求其他功利目的，尤其是犯罪控制目的。根据德沃金的方案，即使通常情况下应当这般坚持，从而约束犯罪预防目的，但是，如果比例原则不服从犯罪预防，犯罪预防效用的丧失就会达到非同寻常的程度，则此时就需要它的服从。因此，德沃金的可废除的公正约束（defeasible fairness constraints）的概念，看起来为修正的该当方案提供了一种合理的基本原理。

鲁滨逊模式的问题之一，是关于*表面性*（*prima facie*）公正约束的效力。某些公正性约束似乎比其他的更难被推翻。想一下

---

③ 德沃金是在讨论他的"权利"模型（model of "rights"）。不过，他的分析也适用于其他的公平性限制，包括本部分讨论的那些。

④ Dworkin 1977，200.

超越合理怀疑的证明要求：即使是为了预防犯罪、避免重大损失，允许该（*that*）要求被打破也几乎是不恰当的。因此，鲁滨逊应该是在隐晦地主张，比例性是很重要的公正性约束（其重要的程度，足够要求只有在出现严重的社会结果时才可以推翻它），但它并不像超越合理怀疑的证明要求那样的*如此*（*so*）关键（在任何时候推翻都是不合理的）。鲁滨逊模式的另一问题，是关于推翻功利性抗辩所需的紧急程度。量刑政策问题中的潜在危险，并不是传染病隔离情形中的社区生存。鲁滨逊似乎是在建议，要偏离比例性去追求预防犯罪，必须同时包含了高频率和高损害，比如，严重的侵害行为，其发生率大幅增长。

这些问题在很大程度上与人们的直觉有关，因为它们涉及对"不快"（"unlike"）的比较。一方面是个人对正义的需要，它是非结果主义的、回溯性的指向；另一方面则是否定性抗辩，它是基于对预期损害的结果主义考量。没有任何一种智识性货币，可以用来转化、比较这些对立性的考量。鲁滨逊方案的例子，也许只不过是在主张，比例性的约束虽然重要，但却并非绝对。 *100*

抵消性功利（countervailing utilities）必须重要到允许否定、推翻（公正性约束）。另外，允许偏离比例性的程度，也应受到一定限制。严重的偏离是不被允许的——因为这种明显偏离了比例性反应，将完全歪曲行为人的可谴责性程度。

鲁滨逊的混合模式具有无可否认的吸引力。尽管该当性限制通常都应得到遵守，但在极端情况下，该模式允许偏离它。这样会有什么问题吗？

问题之一是，如何识别需要预防的犯罪损害类型。如前所述，如果行为不仅严重损害了被害人，且反复多次地实施，那么鲁滨逊就要限制对比例性的偏离。但是，这会极大地限制例外的范围，因为没有什么可靠的经验性根据足以使人相信，对比例性刑罚的向上偏离可以显著降低重罪的总体发生率。减少犯罪的预期效果，不得不源于一般遏制或者隔离：要么是犯罪人因额外之刑而受到威吓，要么是刑罚给予再犯以附加的净限制（added net restraint）。但是，要追踪并证实此种效果，众所周知，是很难的（参见第一章）。

如果要满足可追踪的整体效果（*aggregate* effects），存在如此多的困难，那么，可以丢弃它吗？安东尼·博顿斯和罗杰·布朗斯沃德（Roger Brownsword）就建议这么做。这两位学者认为，对具有重伤他人之"鲜活危险"（"vivid danger"）的个人，应予以一定期限的额外监禁，即便这样的政策对于整体的暴力程度将要产生不可测量的影响。⑤ 但是，这两位学者强调，仅当被告的潜在犯罪包含了重伤他人的高度可能性时，才会允许此种例外。

但是，关于个体危险的后一标准也不易满足。要根据博顿斯与布朗斯沃德的"鲜活的危险"标准来证立量刑加重，则在被定之罪通常该当之刑（如果被定之罪很重，刑期通常会很长）期满之后（*after*），还得行为人有伤害他人的可能。要进行此种预测，

---

⑤ AE Bottoms and R. Brownsword，'Dangerousness and Rights'，in JW Hinton（ed.），*Dangerousness*：*Problems of Assessment and Prediction*（London，George Allen & Unwin，1983）。这两位作者援引刚刚讨论的德沃金的权利模型来论证。德沃金为凌驾于权利或公正约束之上提出了两个可能的理由。上文提到的一种情况是，如果不这样做，就会出现特殊维度（extraordinary dimensions）的效用丧失。另一种情况涉及竞争性权利（competing right），言论自由权与隐私权相冲突时，就属于这种情况。我认为，两个理由中的第一个，在这里有相关性：问题在于要因为某些高风险罪犯对个人安全构成的特别危险而超过比例性的要求。然而，奇怪的是，博顿斯和布朗斯沃德断言，这是德沃金提出的两个理由中的第二个理由：罪犯不得遭受超过适当比例的刑罚的权利，为潜在受害者的"不受伤害的权利"所击败了。我觉得这很令人费解。当然，受害人拥有人身安全的权利，而它被犯罪所侵害。但是，如果国家仅仅是没能防止伤害，像执法部门经常做的那样，那么，国家（*the state*）是否侵犯了受害者的权利？特别要假定的是，国家通过施加一种符合比例的制裁来对犯罪人的犯罪行为作出反应。如果这样做可能防止将来的加害行为（victimisation），〔那么说〕这会侵犯潜在受害者对犯罪者施加更严厉的制裁的权利，似乎令人难以置信。

需要具备估算犯罪生涯预期长度的能力，但是，这样的能力当前基本上不存在。⑥ 犯罪生涯期长的不确定性，也意味着可能需要相当长的额外监禁，以对附增的预防提供哪怕是最低限度的保障。但是，监禁越长，与鲁滨逊所说的限制原则——应当避免对比例制裁的严重偏离——的冲突就会越多。

另一潜在危险是对标准的侵蚀。博顿斯-布朗斯沃德模式下（Bottoms-Brownsword model）最重要的是，只有在为了预防特别严重的犯罪损害时，量刑法官才可以裁定严厉性超出比例性要求的制裁。放宽这种标准，以允许对较轻的损害也可以那样做，会损害到如下基本的理念：只要在紧急情况下，才可以忽视（作为正义重要条件的）该当性限制。但是，鉴于在许多法域之中犯罪预防政策具有政治性变数，人们还有多大信心坚持如此限缩的偏离标准不动摇呢？限缩的例外情形难道不可以以保护公众之名轻易扩大吗？如果在那样一种混合模式下，严格的偏离标准得到遵守，那么在理论上也许还会有人支持它，但由于存在那样的"如果"，这一模式的实践仍然会令人忧虑。

102

二、"幅的模式"

鲁滨逊的方案，与博顿斯和布朗斯沃德的一样，仅在严格限定的情况下才允许偏离序的该当性。除此之外，还有一种方案，是普遍允许在一定程度内放宽序的该当性限制。该当性考量被认定是要设定刑罚的恰当幅度（ranges），在这些幅度内，可以根据犯罪预防理由来确定具体的刑罚。此种模式有两种不同版本，其基本原理不同，实践含义亦有异。我们分别来讨论。

---

⑥ See AE Bottoms and A. von Hirsch, 'The Crime-Preventive Impact of Penal Sanctions', in P. Cane and HM Kritzer（eds.）, *The Oxford Handbook of Empirical Legal Studies*（Oxford, Oxford University Press, 2010）Ch. 4, 114-17.

1. "限制报应论"

"限制报应论"（"limiting retributivism"）被认为与诺瓦尔·莫里斯的研究有关（参见第五章第一部分）。在他看来，比例性只能被认为是设定了一定的外部限制：于一定类型的犯罪，其刑罚既不应超出该限制，（也许）也不应低于该限制。在由此产生的宽泛幅度内，可以根据其他目的（主要是犯罪预防）来具体确定量刑。⑦ 德国刑法学者支持类似的主张，被称为"裁量空间理论"（"Spielraumtheorie"）。⑧

莫里斯声称，他的模式是该当性的逻辑要求。在他看来，比例性是非决定性的（indeterminate）：它仅仅是表明，在明显过重或过轻的意义上，多少的刑罚是不该当的（*undeserved*）。在此范围内，可以根据非该当的理由来决定量刑，因为该当性主张被认为已经用尽。

我们已经指出这一论述的瑕疵（第五章）：它忽视了序的比例性要求，尤其是平等性要求。如果两名被告被判定构成（比如）同等严重的抢劫罪，为了追求犯罪预防，给予一名被告的刑罚比给另一被告的严厉得多，则这会导致对于假定（*ex hypothesi*）具有同等可谴责性的行为，却对此被告施加了更大的非难。根据该当性自身的逻辑结构，主张该当性设定的仅仅是宽泛限制，就是对这一平等性要求的无视。

2. "修正的"该当模式

但是，要用概念的方式来解释"幅的模式"（"range model"），

---

⑦ N. Morris, *Punishment*, *Desert*, *and Rehabilitation*（Washington, DC, US Government Printing Office, 1976）; N. Morris, *Madness and the Criminal Law*（Chicago, Chicago University Press, 1982）Ch. 8.

⑧ HJ Bruns, *Das Recht der Strafzumessung*, 2nd edn.（Cologne, Carl Heymanns Verlag, 1985）105 – 09; F. Streng, *Strafrechtliche Sanktionen：Die Strafzumessung und ihre Grundlagen*, 3rd edn.（Stuttgart, Kohlhammer, 2012）626 – 632.

还有一种方法:它将使其明确地成为修正的该当理论。按照这一方法,序的比例性之平等性要求(参见第五章第二部分)将被一定程度地放宽。比例性仍将决定刑罚相对的等级排序,但是,对于同等严重之罪,在刑罚的严厉性上允许偏离——尽管是在有限的程度内。对平等性要求的这种偏离,将包含平等性的牺牲,牺牲的大小取决于偏离的程度。可以认为,受限制的偏离将允许在追求犯罪预防目的的同时,不会"太"("too much")不成比例。

但是,后一模式要求对刑罚中的不平等性进行更严格的审查,故它不同于诺瓦尔·莫里斯的"限制报应论"。既然要继续认为平等性是公正的重要条件,那么对平等性的偏离度有多大,以及隐秘不明的理由多有力,就很重要了。只有为实现不容忽视的、隐秘不明的目的而出现的适度偏离才是可以允许的。

这种模式下,会出现两大问题。问题之一与对限制的界定有关:对平等性的偏离,要到何种程度才是被允许的?问题之二是识别隐秘不明目的(ulterior ends):为了何种目的(犯罪预防或其他),才会使此种偏离被允许?我们依次讨论这两个问题。

限制的具化(*specifying the limits*)。"限制报应论"的异议之一,是很难准确标出该当性限制的应用界限。不过,根据这一替代性的"幅"的模式,在概念上界定"限制"却较为容易。序的该当性限制的具体偏离程度被设定为适用的限制。既然主流观点认为,仅允许适度地偏离序的该当性,那么那些限制也应当受到合理的约束。偏离 10 到 15 个百分点也许是可以的,但要偏离 25 或 30 个百分点当然不行。犯罪行为的严重性,也将由此而继续实质性地(尽管不再是完全地)决定刑罚的严厉程度。[9] *104*

隐秘不明目的之识别(*Identifying the ulterior ends*)。为了

---

⑨ 关于这一视角的更详细表述,see RS Frase, *Just Sentencing*:*Principles and Procedures for a Workable System*(New York,Oxford University Press,2013)。

何种目的，才可如此偏离序的该当性？犯罪预防就是可能的目的
之一：比如，序的该当性偏离的应用界限要不被违反，依赖行为
人的危险性便是可允许的。但是，这样的方案会陷入公正与效率
的两难困境。比如，只有在高危险个体与低危险个体之间量刑差
异很大时，才能达到实质性的隔离效果。⑩ 但是，差异很大，意
味着对序的该当性限制的违反也将达到很大程度，且不是这一混
合方案看起来预期的那种受限的程度。另一方面，将差异维持在
适度的范围，又会限制犯罪预防的效果。而这反过来又会引发进
一步的难题：如果序的比例性是公正的要求，即使是受限制的偏
离，也只有在表明存在强烈的抵消性理由时，才可被证立。如果
只是适度提升了预防效果，怎能满足这一要求？

对该当性限制的偏离，还有其他理由吗？一种理由是，它可
能使非监禁刑的裁定更容易。根据该当模式，只有在具有同等的
严厉性时，才会允许刑罚之间易科（详见第八章）。放宽比例性
限制，易科的决定就会更容易作出，也更便于针对违反量刑条件
的行为人制定对他们的后备制裁。此外，当只允许对平等性的有
限偏离时，也许会实现这一点。

这样一来，我们将置身于何处呢？此处讨论的混合模式，其
吸引力在于，它看起来促成了其他目的，却仅仅有限地牺牲了平
等性。如果只是有限地偏离比例性，或只在特别情况下才偏离，
并且那样做会产生额外的犯罪预防效果，那么，为什么不这么
做？但是，这些隐秘不明目的的实现，往往会令人困惑。如果仔

10

---

⑩ A. von Hirsch, A. Ashworth and JV Roberts（eds.）, *Principled Senten-cing: Readings in Theory and Policy*, 3rd edn.（Oxford, Hart Publishing, 2009）98‐99; see also M. Haist, 'Deterrence in a Sea of Just Deserts: Are Utilitarian Goals Achievable in a World of Limiting Retributivism?'（2009）*Journal of Criminal Law & Criminology* 99, 789; M. Marcus, 'Limiting Retributivism: Revisions to Model Penal Code Sentencing Provisions'（2007）*Whittier Law Review* 29, 295.

细审视可能采用混合模式的那些场景，就会很难确定真正实现了多少额外的预防。此外，对其他目的的强调，很容易导致混合模式下那些相当不精确的限制被违反。如果预防目的仍然很重要，如果平等性的有限偏离并不足以促成该目的，那么，为什么不偏离得更多？但是，重大偏离将意味着一个甚至不再接近公平的体系。尽管混合模式看起来很诱人，我们仍需对这些细节保持警惕。

拓展阅读

1. Frase，Richard S. （2013）*Just Sentencing：Principles and Procedures for a Workable System* （New York，Oxford University Press）Ch. 2.

2. Haist，Matthew （2009） 'Deterrence in a Sea of Just Deserts：Are Utilitarian Goals Achievable in a World of Limiting Retributivism?' *Journal of Criminal Law Criminology* 99，789.

3. Hudson，Barbara （2003），*Understanding Justice：An Introduction to Ideas，Perspectives and Controversies in Modern Penal Theory*，2nd edn. （Buckingham，Open University Press）.

4. Morris，Norval and M. Tonry （1991）*Between Prison and Probation：Intermediate Punishments in a Rational Sentencing System* （New York，Oxford University Press）.

5. Morse，Stephen J. （2011） 'Protecting Liberty and Autonomy：Desert/ Disease Jurisprudence' *San Diego Law Review* 1077，48.

6. Ryberg，Jesper （2011） 'Punishment and Desert-Adjusted Utilitarianism'，in M. Tonry （ed.）*Retributivism Has a Past：Has It a Future?* （New York，Oxford University Press）Ch. 5.

106

第十章　该当模式的政治学

到此为止，本书讨论了该当模式的内容。现在我要转向，简要谈谈它的政治学问题。本书讨论的以该当性为导向的量刑观念，其预设的一般政治外观是什么样的呢？比例主义量刑政策会导致刑罚水准提高吗？该当论是否会分散我们对社会弊病的注意力？我要来讨论这些问题。

一、该当模式的政治谱系

在 1950、1960 年代的刑法思潮中，报应论被认为是一种保守的（的确是一种倒退的）理念。该种态度的标志，是由著名的、〔秉持〕自由主义的美国刑法改革组织——全国犯罪与违法事务委员会（National Council on Crime and Delinquency，NC-CD）在 1963 年出版的《模范量刑法典（草案）》（Proposed "Model Sentencing Act"）。[1] 根据 NCCD 提出的方案，在决定量

---

[1]　National Council on Crime and Delinquency，Model Sentencing Act 1963.

刑时将完全排除比例性考量，恢复和隔离是仅有的量刑指导目的。法典草案规定"量刑不应基于复仇和报应"，这是不言而喻的。② 由于该模范法典的起草人要求，只有被认为具有重返犯罪可能的犯罪人才会受到监禁刑，故模范法典提议，要赋予量刑法官最宽泛的裁量权，以便对任何被认为具有再犯可能性的犯罪人裁定足够长的监禁刑期。③〔会〕制造出如此压倒一切的决定监禁刑的权力，起草人很显然没有意识到自由会面临的那些危险。

107

　　该当模式——对比例量刑主张的兴趣重燃——在 1970 年代末出现在自由主义刑法学者之间，在一定程度上是对该主张的反应。人们开始认为，公正的量刑应当反映犯罪行为的严重程度。实质性的监禁条款不应被认为是任何潜在再犯人所应接受的刑罚，除了那些罪行严重、被判定有罪的行为人。比例量刑被宣称是一种使刑罚更加公正的方式。

　　在 1976 年的《践行正义》④ 一书中，我就采取了这一方案。它以监禁研究委员会（Committee for the Study of Incarceration）的名义写成，这是一个支持自由主义的、主要由学者组成的团体。比例原则被用作*限制*（*restricting*）国家刑罚权的手段——特别是被用作限制适用监禁刑的手段。建立在预测基础上的刑罚受到了反对——不仅因为其不能公正反映犯罪行为的可谴责程度，还因为它们将在几乎没有原则限制的情况下，允许干预那些被认为具有更高危险性的犯罪人的生活。在同时期倡导该当模式的其他刑法学论著，也有类似的基调。⑤

---

② Ibid，S. 1. 这种说法认为报应（retribution）与复仇（revenge）是一回事。

③ Ibid，Model Sentencing Act，ss. 1，5，9。

④ A. von Hirsch, *Doing Justice*：*The Choice of Punishments*〔New York, Hill and Wang, 1976；Reprinted 1986（Boston, Northeastern University Press）〕。

⑤ See, eg., A. Ashworth, *Sentencing and Penal Policy*（London, Heinemanns, 1983）。

在 1970 年代，在这 10 年之间，北欧出现了很多研究量刑比例性的论著——比如，瑞典、芬兰和挪威刑法学者的论文集《刑罚与公正》（"*Straff och rattfardighet*"）（"*Punishment and Justice*"）就是其中之一。⑥ 在这些文献中，比例原则被倡导为对犯罪的一种公*正*反应，适度的（moderate）刑罚水准也受到了支持。

　　近年来研究该当性的刑法论著，大都延续了这一基本态度。⑦ 公正是比例原则的主要支持理由。对于因〔具有〕严重可谴责性的罪行而被判定有罪的行为人，实质性的监禁条款要被限制适用。比例量刑不是用来作为降低犯罪率的手段。事实上，对于犯罪率在多大程度上会对量刑政策作出反应，该当论者抱持着很大的怀疑。⑧ 如果没有减少犯罪的野心，同一脉络的那些论著几乎很少会赞成对监禁刑的更多依赖。

　　就本书来说，值得注意的是：它同样排斥该当性中的同态复仇概念（参见第三章）。"回报"（"pay back"）的概念——施加给

108

---

⑥　S. Heckscher，et al.（eds.），*Straff och rättfärdighet：Ny nordisk debatt*（Stockholm，Norstedts，1980），discussed in Ch. 1，section 1. 2.

⑦　See A. Ashworth，'Criminal Justice and Deserved Sentences'（1989）*Criminal Law Review* 340；A. von Hirsch，*Past or Future Crimes：Deservedness and Dangerousness in the Sentencing of Criminals*〔New Brunswick，New Jersey，Rutgers University Press，1985；United Kingdom edn. 1986（Manchester，Manchester University Press）〕；A. von Hirsch，*Censure and Sanctions*（Oxford，Oxford University Press，1993）；AE Bottoms，'Five Puzzles in von Hirsch's Theory'，in A. Ashworth and M. Wasik（eds.），*Fundamentals of Sentencing Theory：Essays in Andrew von Hirsch*（Oxford，Oxford University Press，1998）Ch. 3；A. von Hirsch and A. Ashworth，*Proportionate Sentencing：Exploring the Principles*（Oxford，Oxford University Press，2005）；T. Hörnle，*Tatproportionale Strafzumessung*（Berlin，Duncker und Humblot，1999）.

⑧　Ashworth 1989；von Hirsch 1985，Ch. 15；关于对受限制的潜在的遏制量刑（limited potential of deterrent sentences）的更完整的讨论，see AE Bottoms and A. von Hirsch，'The Crime-Preventive Impact of Penal Sanctions'，in P. Cane and HM Kritzer（eds.），*The Oxford Handbook of Empirical Legal Studies*（Oxford，Oxford University Press，2010）Ch. 4，98 - 106.

犯罪人的痛苦，要同等于其加之于被害人的，并不是这种理论的内容。这种理论的基础是谴责——不是损害抵偿（harm-for-harm equivalence），并且，传达刑罚谴责所需的刑罚等级，要远低于损害"回报"所需的（参见第三章）。

在北欧国家的讨论中，比例主义的视角被称为"新古典主义"⑨（"neo-classicist"），但那可能正是混乱之源。"新古典"（"neo-classics"）的标签，表明比例主义量刑理论实质上是要回归到 18 世纪末及 19 世纪初的"古典"刑法学（"classical" penology）。但是，并非如此。传统的刑罚古典主义（penal classicism）的确主张根据犯罪行为的严重性对刑罚进行等级排序，但是，它原则上根据的是遏制性理由（grounds of deterrence）。最重要的基本原理是边沁提出的，他认为，等级排序的刑罚有助于诱导犯罪人减少实施更多伤害罪行的意愿。但是，在早些时候我就已经指出（第四章），这样的基本原理会削弱比例性，容易导致出现例外情况。当代的比例原则，建立在不同的基本原理基础之上，在将犯罪人作为道德能动者、与之对话的过程中，强调谴责和刑罚的作用。这种基本原理，支持更加坚定、更不容易导致例外的比例性限制——在前面各章中也均已有表明。

109

然而，1980 年代和 1990 年代同样见证了刑事司法政策中出现的激进保守主义（ferocious conservatism），尤其是在美国和英国。政治家们更加重视"法律与秩序"（"law and order"）议题。保守的刑法学者，特别是刑事政策领域的某些美国学者，比如詹姆斯·Q. 威尔逊（James Q. Wilson）⑩ 及欧内斯特·凡·登·哈格（Ernest van den Haag）⑪，强调旨在降低犯罪率的"现实

---

⑨　参见，比如，赫克歇尔（Heckscher）及其他几位在 1980 发表的几篇论文。

⑩　JQ Wilson, *Thinking about Crime*, revised edn. (New York, Basic Books, 1983).

⑪　See E. van den Haag, 'Punishment: Desert and Control' (1987) *Michigan Law Review* 85, 1250, 拒绝该当性的任何作用。

性"（"realistic"）（其实是更强硬的）量刑策略。鉴于这些变化与对量刑比例性的兴趣复兴出现在同一时间，有些批评者就认为，比例主义必定是应对犯罪的一种压制型策略（repressive strategy）。[12]

但是，保守的刑法学者，如威尔逊，实际上对比例性观念没有多大兴趣。他断言，只有在对可容许程度的刑罚设定宽泛的外部限制时，才应当考虑该当性。他认为，在那些限制之内，主要应当根据遏制考量和隔离考量来决定实际的量刑水准。[13] 欧内斯特·凡·登·哈格在其论著中则完全否定该当性观念。[14] 另一位保守的美国刑法学者丹·哈安（Dan Hahan）则建议对被定罪的行为人处以耻辱刑（humiliating punishments），拒绝重大的比例性限制。[15] 这些学者怀疑比例量刑的理由非常清楚（并且它的确是自由主义者的支持理由的镜像图）：比例的观念，会限制犯罪预防或其他结果主义策略的范围。筛选危险性高的犯罪人，以适用延长期限的监禁刑——这是（威尔逊）最爱的主题[16]，在该当论下将会受到限制，因其违反了序的比例性。旨在通过严刑处罚吸毒者及毒品小贩来减少毒品需求的示例性遏制策略（exemplary deterrence strategies）——美国禁毒战士最喜欢的主题，也会违背比例性要求。如果量刑政策的目的就只是制止犯罪，那么比例性限制似乎就成了纯粹的障碍。

110

二、限制严厉性：该当性 vs 刑罚功利主义

比例主义者的量刑理论要求的是更多的刑罚，还是更少的？

---

[12] See, eg., J. Reiman and S. Headlee (1981), 'Marxism and Criminal Justice Policy' (1981) *Crime & Delinquency* 27, 24.

[13] Wilson 1983, Ch. 6.

[14] van den Haag 1987.

[15] DM Kahan, Dan M. (1996), 'What do Alternative Sanctions Mean?' (1996) *University of Chicago Law Review* 63, 591.

[16] Wilson 1983, Ch. 8.

有些批评者宣称，该当性理论并未对此提供明确的答案：这种观点认为，比例原则要求的只是说，刑罚应当区分等级而排列，以反映犯罪行为相对的严重性。[⑰] 尽管该理论因此而可能允许刑罚水准的降低，但据称它并不要求那样的结果；并且，它的确是允许全面大幅地增加刑罚处罚。比例主义尽管自命是自由主义，但据称它与严厉的量刑政策是相容的。

在前面各章中，我相信已经回应了这一反对意见。一位该当论者，在决定刑罚制度的严厉等级问题上，并非必须是一位不可知论者。为了让刑罚的谴责要素发挥有意义的作用，刑罚的等级必须要适度。刑罚的整体程度上升得越高，刑罚谴责提供的用以放弃犯罪的规范理由就越不重要，刑罚制度在本质上就越会变成一种赤裸裸的威胁。[⑱]

批评者可能回应说，支持比例量刑政策的人并非全都必须接受此种主张；如果他们不接受，则该当性理论的不确定性就仍然存在。但是，反对意见会因此而大大削弱，只能变成这样的说辞：一种完全不同的该当性概念，可能提供不了足够的理由，以限制刑罚体系的压制性程度（degree of repressiveness）。但是，这种风险——一种理论的不同版本会导致不同的结论，似乎是一个人能想到的几乎所有那些关于刑罚的概念所特有的。我的确提到了拒绝关于该当性的某些替代性概念，比如，同态复仇的观点的理由，部分是因为这些概念容易产生严重的后果（参见第三章）。

111

---

⑰　See，eg.，N. Walker，*Why Punish*？（Oxford，Oxford University Press，1991）101 - 03；N. Lacey and II. Pickard，'The Chimera of Proportionality：Institutionalising Limits on Punishment in Contemporary Social and Political Systems'（2015）*Modern Law Review* 78，216.

⑱　更完整的讨论，参见前文第五章。See also von Hirsch 1993，Ch. 5；von Hirsch and Ashworth 2005，Ch. 9，142 - 43.

要更清楚地认识该当模式与刑罚严厉等级之间可能存在的联系，将该理论与刑罚功利主义的一种主要替代性〔版本〕进行比较是有帮助的。对于刑罚的水准，何种理论可以提供更多（或更少）的限制呢？

刑罚功利主义最值得注意的版本，一度是处遇模式：刑事司法政策（包括量刑）应当促进犯罪人的恢复。对恢复的信念——至少是作为量刑的主要目的——在最近几十年大幅弱化。[19] 但是，刑罚功利主义并未随恢复伦理的黯淡而消失——只是将重点转向了其他的犯罪预防方案（尤其是遏制和隔离）。如果刑罚不能治愈（cure）犯罪，可以认为，更"现实的"（"realistic"）减少犯罪的方法，可能就是依赖：威慑（intimidating）潜在犯罪人并遏制（restraining）已被定罪者。

但是，这些遏制、隔离方案有招致制裁加重的特别危险。不仅有整体刑罚升高的危险（如果温和的刑罚不足以遏制或隔离，为什么不尝试更大的剂量？），而且有使那些引起特别注意的行为人所受的制裁非比例性地加重的危险。[20] 使这些方案如此令人不安的，是其对大众感受的明显诉求（common-sense appeal）。尽管很难想象广泛有效的治疗措施的存在，但是，危险的重罪犯人难道不可以与社区分隔开吗？既有的遏制、隔离方案如何能真实地去实现雄心勃勃的犯罪预防目标，已经让人生疑。[21] 但是，功利主义者可能会说：只要我们能够提高犯罪预防的技术，还有什

⑲ 参见前文第一章。See, however, FT Cullen and KE Gilbert, *Reaffirming Rehabilitation*, 2nd edn. (London, Routledge, 2012), calling for 'reaffirming rehabilitation'. Also, T. Ward and S. Maruna, *Rehabilitation* (London, Routledge, 2007).

⑳ 参见第一章中关于"选择性隔离"（"selective incapacitation"）的讨论。

㉑ Zimring and Hawkins, *Incapacitation：Penal Confinement and the Restraint of Crime* (Chicago, Chicago University Press, 1995)；Bottoms and von Hirsch 2010, 113-20；另见本书的第一章第四部分。

么理由不采取这样的方案？

该当性理论提供了反对该说法的原则性理由。这一理论的指导概念，即比例性，植根于对正义的主张。预防效果——量刑改革对犯罪率的影响，不是（*not*）这一理论是否成功的主要标准。如果该当模式实施后并未减少犯罪的发生，那也不是此方案失败的标志。事实上，如前所述，大多数倡导该当论的人（包括我本人），对于通过量刑政策的改变来显著减少犯罪，是持怀疑态度的（参见第一章）。 *112*

相反，对基于该当模式的量刑改革的评价，应根据它在衡量对犯罪严重性的刑罚反应方面的成功来进行。减少犯罪的发生不再是唯一目的，故该理论不太会为了实现令人着迷的预防效果，而加重刑罚。根据报道，〔美国〕明尼苏达州量刑委员会在起草量刑标准时，的确选择了该当而非隔离，部分原因在于它不希望自己提供给公众的方案被认为是犯罪控制工具——并且在随后，如果犯罪率持续上升，〔它〕要持续面临着诉诸更强硬的预防性药物的更大压力。[22]

该当性标准同样排除了刑罚功利主义另一更可怕的形式，比如选择性隔离（selective incapacitation）。后者要求对"高危"（"high risk"）的重罪犯人（那些被认为有可能重复实施严重罪行之人）处以长期之刑（extended sentences）。此种方案大量使用那些对犯罪严重性几乎没有影响的危险指标，比如先前的犯行、药物滥用以及失业。[23] 比例主义量刑概念，原则上排除此类方案，

---

[22]　关于〔美国〕明尼苏达州量刑指南的最近的讨论，see RS Frase, *Just Sentencing: Principles and Procedures for a Workable System* (New York, Oxford University Press, 2013) 123–40。

[23]　See National Academy of Sciences, Panel on Research on Criminal Careers, 'Criminal Careers and "Career Criminals"' (edited by A. Blumstein, J. Cohen, J. Roth and C. Visher) (Washington DC, National Academies of Sciences Press, 1986) Vol. 1; von Hirsch 1985, Ch. 11.

不仅因为后者依赖迥异于犯罪行为可谴责性的那些因素，还因为后者（为了实现重大预防效果）主张，在那些被认为危险的被告和其他那些因实施可谴责程度相似之罪而被定罪的被告之间，在量刑的严厉性上应有非常大的差别。

113　　恢复的复兴（revival of rehabilitation）是有时会被提到的替代方案。[24] 相对于遏制或隔离，处遇被认为是更为人道的概念；目前为止，普遍承认的是，监禁很少能够治愈（cure）罪犯的犯罪倾向。向恢复的回归，被认为可以为较不严厉的刑事政策铺平道路。但是，意识并不能被任意地复兴。在过去的几十年，恢复伦理看上去特别地有吸引力，因为人们相信犯罪人的犯罪倾向可以很容易被治愈（be cured）。这一论断在今天看来几乎是不可信的：尽管有报道称，某些针对少数犯罪人的实验方案取得了成功，但是，针对大多数被定罪的犯罪人的常规成功，仍然是难以实现的目标。[25]

　　处遇设想的内在人道性，可能也是让人生疑的。关于刑罚性治疗（penal therapies）的严厉程度如何，恢复性伦理所提供的限制，即使有，也是很少的。恢复主义过去就有令人担忧的具体表现，比如，为了治疗的效果而实施长期或不定期的监禁。[26] 新近的恢复技术可能也远不如其支持者声称的那般温和。尤其是戒毒治疗（drug treatment），包括要在治疗机构内强制居住很长时间，会特别让人难以承受。[27] 根据恢复性量刑伦理，小额毒贩可

---

[24]　Cullen and Gilbert 2012；see also A. von Hirsch, A. Ashworth and JV Roberts (eds.), *Principled Sentencing: Readings in Theory and Policy*, 3rd edn. (Oxford, Hart Publishing, 2009) 28 - 38；Cullen and Gilbert 2012.

[25]　See Bottoms and von Hirsch 2010，108 - 13.

[26]　北欧的例子包括瑞典先前的拘留制度和丹麦的长期、无限期量刑制度，以前是在哈尔斯泰德维斯特（Haerstedvester）的处遇机构（treatment facility）判处的。

[27]　D. Husak, Douglas, 'Retributivism, Proportionality, and the Challenge of the Drug Court Movement', in M. Tonry (ed.), *Retributivism Has a Past；Has it a Future?* (New York, Oxford University Press, 2011) Ch. 11.

能会面临如此严厉的干预——而不是像比例主义量刑方案针对较轻之罪主张适用的那种轻得多的惩罚。

但是，本书提出的以该当性为导向的模式并未预设如下前提：对被定罪者，一概拒绝处以恢复或社会服务。因此：

——社会服务所含方案，旨在改善被定罪者的生活品质，抵消很多这类犯罪人因受刑而会遭受到的那些社会不利因素。技能培训、教育及心理辅助这样的方案就是例子。它们应在自愿的基础上广泛提供给犯罪人。只要量刑的严厉性没有因此而增加（通常不会增加），比例主义量刑原理就不会限制这种方案的适用。 *114*

——恢复方案，在这一术语的传统意义上，旨在降低犯罪人的再犯可能性。它们可能会，也可能不会，影响量刑的选择。如果不影响，比如在监禁刑期间提供治疗，就不会有比例性的什么问题。如果的确影响到了，比如选择此种量刑而没有选择彼种量刑，是因前者使治疗的疗程更有可能，那么，从该当性原理的角度，它的妥适性就取决于这两类量刑的侵入性是否大致相当。但是，该当论要限制以治疗为理由提升刑罚的严厉性，比如，因为犯罪人稍后可以被纳入基于监禁的治疗方案，就对其施加监禁刑而不是罚金或附条件的量刑（conditional sentence）（详见上文第八章）。

比较该当模式与功利主义模式的各自优点，比较好的方法是考虑二者对中间制裁措施的可适用性问题。在制定这种非监禁制裁时，主要有两个问题。首先，存在着对较轻的罪犯采用中间制裁措施的诱惑，因为这些人被认为在处遇方案（treatment programmes）中更有可能合作。其次，监禁可以作为刑罚适用于技术性违反了社区刑条件的那些人，如此一来，最终对监禁刑的依赖增加。正如所见，此处该当论的确提供了基于原则的反应（principled responses）：更严厉的非监禁制裁，不会适用于较低序列（严重性）之罪；对于

违反刑罚（breach penalties）存在实质性的限制（substantial limits）
（参见上文第八章）。但是，功利主义理论并没有提供这样的限制：
比如，对治疗方案条件的违反，会被认为是危险升高的指标，从而
可以合理化长期监禁（lengthy stint of incarceration）。

三、比例性与严厉性提升？

该当论的批评者声称，比例主义量刑观在更加一般性的层面
合法化了对监禁刑的增加适用。他们断定，通过对犯罪行为的强
115 调，该当论支持制定如美国量刑指导委员会的数字指南那样的机
械化方案㉘，该指南针对大量的联邦犯罪规定了监禁刑。这样的
机械化方案被认为加大了法官与犯罪人之间的"距离"（"dis-
tance"），从而导致严厉的刑罚更容易被裁定。㉙

这种看法站不住脚。美国量刑委员会并不是（did *not*）根据该
当性原则来制定其毫无疑问很严厉的量刑标准，事实上也明确拒
绝了该种观念，因为它并没有留出足够的空间给遏制目的和隔离
目的。㉚ 美国的某些州（最有名的是明尼苏达）采用了数字指南，
这种指南的确依赖比例性观念——但是，这种方案倾向于适中的
监禁率（modest rates of imprisonment）。㉛ 尽管有人认为，联邦

㉘　关于这些指南的简介，see Frase 2013，163 - 64。

㉙　See，eg.，J. Braithwaite and P. Pettit，*Not Just Deserts*：*A Republican Theory of Justice*（Oxford，Oxford University Press，1990）.

㉚　US Sentencing Commission，*Federal Sentencing Guidelines Manual*（Washington DC，US Sentencing Commission，1987）60 - 64；see also A. von Hirsch，'Federal Sentencing Guidelines：Do They Provide Principled Guidance?'（1989）*American Criminal Law Review* 27，367；A. Doob，'The United States Sentencing Commission Guidelines'，in C. Clarkson and R. Morgan（eds.），*The Politics of Sentencing Reform*（Oxford，Oxford University Press，1995），Ch. 6.

㉛　对于这些国家的量刑指南的相关介绍和分析，see Frase 2013，Ch. 3；A. von Hirsch，'Proportionality and Parsimony in American Sentencing Guidelines：The Minnesota and Oregon Standards'，in CMV Clarkson and R. Morgan（eds.），*The Politics of Sentencing Reform*（Oxford，Oxford University Press，1995）149，Ch. 6。

方案与明尼苏达州指南"运作机制背后的原则相同"（"the same principles behind their work"），但是，两种方案的基本原理实际上相差甚远，如同它们对监禁刑的依赖程度那样。[32]

如果从美国转向北欧国家，该当模式会产生恶劣影响的说法就更不可信。芬兰和瑞典这两个北欧国家对比例主义量刑政策的采用，是通过法律规定的原则，而不是量刑数字表格。芬兰的量刑法于1976年生效，要求量刑与犯罪行为的严重性具有"正当的比例"（"in just proportion"）。[33] 十几年之后，瑞典现行量刑法于1989年生效，它依赖相似的观念，但在细节上更加完整。[34] 如果批评者的看法是正确的，则与那些未曾采用类似立法的其他北欧国家相比，人们将看到这些生效法案导致监禁率急剧上升。但是并没有这方面的证据。

事实上，在北欧国家中，芬兰的监禁水平相对下降得最多——在以比例性为导向的量刑法于1976年生效之后的期间内就是如此。[35] 当然，芬兰一开始的监禁水平就比其北欧邻居们的要高，但若是认为在量刑方面该当模式产生了加重效应的观点正确，则那些本来就高的监禁水平就会更高。瑞典的1988年量刑

116

---

[32]　加拿大犯罪学家安东尼·杜布（Anthony Doob）（1995年）对联邦量刑指南及其结构进行了广泛的分析。杜布的结论是，该指南没有反映一致的实质性理由；比如，与该当性理论相比，该指南对犯罪记录更为重视，而且没有努力以系统的方式对犯罪的严重性进行评级排序，它也没有持续地尝试，甚至追求犯罪的预防原理（比如，选择性隔离）。杜布的结论是，联邦量刑指南的主要目的，是以一种或另一种方式提高严重程度，基本上出于政治目的对被定罪的犯罪人显示严厉性。

[33]　Finnish Penal Code, Ch. 6. 关于对芬兰、瑞典量刑方案的讨论，参见前文第一章。

[34]　Swedish Penal Code, Chs. 29，30.

[35]　T. Lappi-Seppälä, *Regulating the Prison Population：Experiences from a Long-Term Policy in Finland*（Helsinki，National Research Institute of Legal Policy，1998）；T. Lappi-Seppälä, 'Penal Policy in Scandinavia'，in M. Tonry（ed.），*Crime，Punishment，and Politics in a Comparative Perspective. Crime and Justice*（Chicago，Chicago University Press，2007）Vol. 36.

改革法在立法时就要求在对监禁率的影响方面保持中立。㊱ 从那时起，监禁水平有所上升——主要是因"酒驾"规则的改变以及假释资格的规定问题。㊲ 但是，这种增幅是适度的㊳（modest），而不是如该当论的批评者预期的那样是大幅上升。考虑到近几十年来大多数西方国家的监禁水平总体上呈上升趋势——这反映了

117 公众对犯罪及无序（disorder）的忧虑，以及量刑问题更加政治化——适度的增长也许是现实中能够期待的最有利结果了。

声称比例主义具有恶劣影响的人，其所依据的减少量刑裁量权、降低对恢复的重视〔度〕的任何量刑方法，都被认为是受该当性所驱动。许多的法域都作出了这种改变，那就意味着该当模式已经风行了世界，它必须对不断上升的监禁水平负责。但是，该当模式不光包含了量刑的指导。它还意味着特定类型的指导：基于犯罪行为的严重性程度，强调符合比例性的制裁。如此来定义的话，只有少数几个法域才以制度的形式采用了这一方法：如前所述，欧洲的芬兰和瑞典（以及，在较小程度上的英国）；美国的明尼苏达及俄勒冈州，最近的是以色列。㊴ 仔细分析那些地方的改革，就会发现它们的出发点，是*限制*（*limit*）对监禁刑的扩大适用。㊵

四、"法律与秩序"策略

在 20 世纪 80、90 年代，人们见证了针对犯罪而激增的"法律与秩序"反应（"law and order" responses）。这些反应涉及对

㊱ 参见瑞典政府的立法介绍报告：Regerings Proposition 1987/88，120；N. Jareborg, 'The Swedish Sentencing Reform', in C. Clarkson and R. Morgan（eds.），*The Politics of Sentencing Reform*（Oxford，Oxford University Press，1995）.

㊲ See, eg., Jareborg 1995.

㊳ 关于对监狱人员的影响评估，亚雷柏格在 1995 年这样做了。

㊴ 参见第一章，脚注⑧-⑨。

㊵ 参见前文第十章第二节。

犯罪和罪犯的尖锐言论，并要求急剧加重刑事制裁。一个臭名昭著的例子，是〔美国〕加利福尼亚州在 1984 年通过的"三振"法（"three strikes" law），其中要求对若干类型重罪（包括类似于入室盗窃这类中等严重程度的犯罪）中的第三次被定罪者，强制判处 25 年监禁至终身监禁。㊶ 在英国，人们也听到了类似的民粹主义对法律与秩序的呼吁。

直到 1980 年代初，英国都没有怎么重视量刑改革问题。但是，就在那十年间，人们对量刑的比例性以及指导量刑裁定的技巧产生了广泛兴趣。1990 年，〔英国〕政府公布了一份重要的政策性文件。该文件倡导系统性的量刑改革，并建议在决定监禁刑和非监禁刑的适用时，均应以比例性为首要标准。㊷ 该份文件表明，通过限制监禁刑对重复性轻微财产犯罪的适用，比例性标准有助于减少对监禁刑的依赖。经过各种修正后，该提案逐步形成为 1991 年《刑事司法法》（Criminal Justice Act 1991），使比例性成为指导选择监禁与非监禁的主要标准。㊸ 在该法生效后的最初几个月，监禁率的确显著下降。㊹

然而，政治气氛发生了变化——法律与秩序成为英国两大主要政党的主要议题。以比例性为导向的 1991 年《刑事司法法》被批评是过度的自由主义（unduly liberal），同时，有影响力的政治人物提出了更严厉刑罚的要求。到 1994 年，〔英国〕政府通

㊶　有关这种状态的讨论，see FE Zimring, G. Hawkins and S. Kamin, *Punishment and Democracy：Three Strikes and You're Out in California*（New York，Oxford University Press，2001）。在一起广为人知的案件中，一名被告此前两次因入室行窃而被判终身监禁，他的第三次罪名是从一名儿童手中抢走一片比萨饼。

㊷　UK Government White Paper, *Crime, Justice and Protecting the Public*（London，HMSO，1990）.

㊸　Criminal Justice Act 1993.

㊹　A. Ashworth, *Sentencing and Criminal Justice*，6th edn.（Cambridge，Cambridge University Press，2015）100 - 06.

过一项立法，废除了 1991 年法案所限制的量刑法庭对犯罪人先前犯罪历史的依赖。㊺ 一位强硬的右翼内政大臣（内政部长）迈克尔·霍华德（Michael Howard）于同年就职，主张"监禁是有用的"（"prison works"），敦促法官作出更严厉的量刑。1997 年，在保守党政府结束前不久，霍华德通过了强制性最低量刑法（mandatory minimum sentence laws）㊻，要求对第三次被定罪的毒贩判处长期监禁，对第三次被定罪的入室盗窃者判处不低于 3 年的监禁刑。在当年的大选之后，新的工党内政大臣杰克·斯特劳（Jack Straw）采纳了其前任在法律和秩序议题上的许多措施，并将这些强制性最低量刑付诸实施。㊼

但是，这种"民粹主义的刑罚"（"populist punitiveness"）与比例主义量刑几乎没有共同之处。将中等严重程度的被定罪者挑选出来，适用长期的强制监禁，明显违背了比例性的要求——并且，事实上，"法律与秩序"提倡者明确表达了对该当模式的蔑视。但是，作为犯罪预防的措施，这种"强硬起来的"措施（"get tough" measures）同样没有什么说服力。当迈克尔·霍华德将强制最低量刑引入毒品交易罪和入室盗窃罪时，他只是在声称这样的刑罚会有助于减少这些罪行的发生，但是，对于该措施可能的预防效果，没有提供任何数据或其他证据。㊽ 他在工党的、担任内阁大臣的继任者杰克·斯特劳，虽然亲自委托开展了一项犯罪学研究，虽然该项研究对这种措施作为遏制措施的效果进行

㊺　Crime（Sentences）Act 1994.

㊻　Crime（Sentences）Act 1997.

㊼　这些事件在温德尔沙姆（Windlesham）勋爵那杰出的历史性著作中有提到：D. Windlesham, *Responses to Crime*（New York, Oxford University Press, 1996）Vol. 3。

㊽　这项主张出现在 1996 年的一份政府白皮书中，该白皮书声称，对入室行窃者采用建议的最低刑罚，可将入室行窃的犯罪率减少 20%。然而，内政部没有为这项主张提供任何证据。

了质疑，但他仍然将这种措施付诸施行。⁴⁹"三振"似乎也是一种有缺陷的隔离策略，因为犯罪人通常是在其被预防的犯罪生涯后期才会接受其第三次"击打"，而彼时他们最活跃的犯罪阶段可能已经过去。⁵⁰

如果法律与秩序策略表现得不太关注比例性与犯罪效果，那么，它们的目的是什么呢？它似乎是要通过倡导和采用严厉制裁来唤醒大众的不满，且加以调动。这种唤醒的确具有工具性功能，但并不具有实质性功能。利用民众的不满是一种——有时候，很不幸，它是一种有效的——赢取政治支持的方式。现代社会可以为这种诉求提供富饶的土壤。犯罪是一种可见度极高（且非常令人不安）的社会现象，而媒体报道它的方式让它更是如此。现代生活中也有其他的很多挫折，犯罪可以作为这方面的恰当象征。诉诸民众的不满，可以挖掘出（tap）这些病态感受的根源。

法律与秩序策略可以被认为是一种传达性刑罚吗？如果包含了传达，就将是一种非常不同的刑罚类型。犯罪人要受到严厉的量刑，以向公众传达出这些人要遭受的非难。根据这一观点，没有必要（如该当论者主张的那样）使刑罚与犯罪的严重性成比例，也没有必要（如预防论者主张的那样）确保刑罚在减少犯罪方面实际上更有效。相反，重点是民众与政府表达对犯罪及犯罪

120

---

⁴⁹ 在 1997 年就职时，斯特劳推迟实施 1997 年《犯罪（量刑）法》 [Crime (Sentences) Act 1997] 规定的入室盗窃罪的三年强制性最低刑期，并宣布他在决定执行之前，要委托对最近的遏制研究进行审查。与这一审查相关的合同给了剑桥大学犯罪学研究所，该研究所于 1999 年提交了一份报告，其结论是，通过提升量刑的严厉性，很少或没有证据表明边际遏制（marginal deterrence）得到了增强；See A. von Hirsch, A. Bottoms et al., *Criminal Deterrence and Sentence Severity: An Analysis of Recent Research* (Oxford, Hart Publishing, 1999)。尽管如此，在收到该报告后不久，斯特劳先生仍然决定让入室盗窃罪的强制性最低限度量刑生效。

⁵⁰ 更详细的讨论，see FE Zimring and G. Hawkins, *Incapacitation: Penal Confinement and the Restraint of Crime* (Oxford, Oxford University Press, 1995) Ch. 8。

人的愤怒。[51]

根据该当模式，非难被加于犯罪人，他被认为能够拥有道德能动性。某种行为被认为是有害、应受谴责的，制裁应当传达出对它一定程度的否定。由此，行为人应受刑罚的轻重，应当与其行为的可谴责程度相一致。既然对行为的谴责是通过刑事剥夺这一媒介传达的，则制裁的严厉性就应当反映行为的严重性，再无其他：此亦即比例性的要求（参见第三章、第四章）。

但是，根据谴责的法律与秩序版本，被定罪者的刑罚仅仅是被用作与谴责相关的公共信息〔传达〕渠道。如果加重的刑罚水准最能传达这一信息，它会被认为更好——并且犯罪人不得有任何立场声称制裁夸大了他应受的谴责。这样的观点在伦理上是不可接受的；它当然不是该当理论所要暗示的内容，与后者甚至不存在最低限度的一致性。

121

五、关于"潜在弊病"的论证

对该当论的另一组批评，是认为它无法解决（address）某些基本弊病（fundamental ills），比如犯罪的潜在社会原因。容我简单讨论这些异议。

1. 比例主义者的量刑原理，在某些时候会被认为，它据以谴责犯罪人的损害其实是社会的过错（society's fault）。据称，真正要为犯罪负责（或至少要为社会的高犯罪率负责）的是恶劣的社会环境。该当性的基本原理关注被定罪者的过错行为，由此其

---

[51] 关于诸如斯特劳和布伦基特（Blunkett）采用的这种刑罚民粹主义策略（penal-populist strategies）的介绍和批评，see M. Tonry, *Punishment and Politics: Evidence and Emulation in the Making of English Crime Control Policy* (Cullompton, Willan Publishing, 2004); N. Lacey, *The Prisoner's Dilemma: Political Economy and Punishment in Contemporary Democracies* (Cambridge, Cambridge University Press, 2008).

注意力从修复这些社会条件移开了，但行为人犯罪可能是源于其自身的社会性加害（social victimisation）。

这是保守的功利主义理论提出的恰当批评，比如已故的詹姆斯·Q. 威尔逊的批评。在一篇被大量引用的文章中，威尔逊认为，政府无法修复基本的社会弊病；甚至认为它不需要尝试那样做，因为通过严格的犯罪预防措施，犯罪可以得到更有效率的处理。[52] 因此，为了维持公共秩序，他开出的处方，是要付出努力去减少社会的不公。

但是，这不是（not）该当性理论所持的立场。一个现代国家，至少在某种程度上，应当能够减轻贫困和社会混乱，并且在这方面作出重大努力的欧洲国家，已经取得了一定程度的成功。我也不同意威尔逊的观点，即在不试图减轻社会痛苦的情况下，可以仅仅通过这样或那样的犯罪预防技术来减少犯罪。斯德哥尔摩或柏林，比达拉斯或洛杉矶更安全，这绝非偶然，其原因，更多的是后两个城市的社会贫困程度，而不是其刑事司法的效率。

对于减少犯罪，或促进更广范围的社会正义来说，量刑政策并不是一个好的工具。如果我们想要一个更加平等的社会，将会需要维持必要的社会援助计划，并为此付费。这可能有助于减少社区中的犯罪原因，至少在某种程度上如此。

但是，不能等到潜在的社会弊病（underlying social ills）得到补救之后再对被定罪者量刑，也不能在那些弊病被处理后放弃量刑。无论如何，犯罪（包括性质严重的犯罪）都会发生。因此，不可避免的问题是：当被定罪者面临量刑时，何种指导性基本原理可以帮助确保量刑的决定是公正地作出的，或者，至少将不公正降到了最低限度？解决根本性的社会弊病（尽管这是可欲的），不能替代那种促使量刑政策更加公正、一致的努力。

122

---

[52]　See Wilson 1983，Ch. 6.

瑞典和芬兰的经验说明了这一观点。几十年来这两个国家都有一个由国家资助的、广泛的社会福利计划网络，从失业保险到医疗保健，再到子女抚养。这些措施无疑有助于减少贫困；广泛分享繁荣很可能是造成这些国家的暴力和无序程度相对较低的原因。然而，犯罪并没有在这些国家消失——对一种可行的量刑政策的需要也没有消失。芬兰和瑞典转而采用以该当性为导向的量刑方案，因为认为它提供了更清晰、更公平的指导。然而，这些法律的通过，当然不是以拒绝更大的社会福利支持为前提。如果问芬兰或瑞典法规的起草者，这些法律是否“解决了”（“addressed”）该国仍然存在的社会弊病，他们肯定会回答不是——因为这是社会福利措施自身的任务，而不是刑事司法立法的〔任务〕。

2. 该当论者的确有声称，即使他们建议的量刑政策不能治愈社会弊病，至少也不会让犯罪人的不利处境*更加恶化*（*worse* off）。评价犯罪严重性的因素（以及相应的刑罚严厉性），主要涉及行为的损害程度和行为人的可谴责程度；而社会因素（比如就业状况、受教育程度、年龄等）通常只有很小的影响，或者完全没有影响。因此，在这方面，相对于选择性隔离这样的功利主义策略，该当性更可取，因为前者允许以一种使贫困的被告人在面临量刑时处境*更糟糕*（*worse*）的方式依赖社会因素——比如，将诸
123 如失业、缺少技能及没有稳定住所等因素作为危险指标。(53)

该当论绝非以拒绝向公民提供社会福利为前提。在其试图限制国家强制权力的意义上，这一方案是自由主义的。但是，在其寻求

---

(53) B. Hudson, *Justice through Punishment*: *A Critique of the 'Justice' Model of Corrections* (London, St Martins, 1987). 赫德森（Hudson）后来提出了一个观点，该观点主要采用以该当性为导向的标准，但对贫困的罪犯（socially deprived offenders）提供减轻；B. Hudson, 'Doing Justice to Difference', in A. Ashworth and M. Wasik (eds.), *Fundamentals of Sentencing Theory*: *Essays in Honour of Andrew von Hirsch* (Oxford, Oxford University Press, 1998) Ch. 9。

限制国家提供社会援助的作用的意义上，它不是"新自由主义"（"neo-liberal"）。在刑罚中肯定比例性要求，并不是要预设任何一般性的主张：国家要缩减社会福利分配。刑罚该当论所根据的，是刑罚在传达责难或谴责方面的特殊性质：该理论认为，一种谴责性制度，应当根据犯罪行为人的过错分配后果。但是，社会福利和福利支持本质上是中性的——它们既不承载赞美也不传达责难，且正因如此，它们可以普遍性地或者如例子所示按需分配，无须考虑受影响者所谓的功绩（supposed merit）。因此，刑罚该当论者能够支持（正如我强调的）广泛的教育、健康及收入支持计划。

这里需要一种融贯性的观点。一个人可以从类似于理想的视角出发：在一个公正（或者，至少不是明显不公正的）社会和经济秩序中，量刑政策看起来应当是什么样子？在那样的一种环境中，可以从很多角度支持该当论者的观点：刑罚应当主要反映行为的可谴责程度，而不是社会地位因素。那些看起来会直接影响犯罪行为之可谴责性的社会因素，有可能存在某些例外情况。美国的一位刑法学者，马丁·加德纳（Martin Gardner），因此就认为，极度的贫困降低了行为人在实施犯罪行为方面的可谴责性，故应被视为减轻处罚情节。[54] 假设社会贫困的程度相对较低，就无须经常性地援用这种例外情况。因而安德鲁·阿什沃思和我提出过对严重贫困的犯罪人减轻惩罚的可能性——尽管是基于不同理由。[55] 但是，制定可行的法律原则，以实施这种减轻处罚情节，仍然困难重重。　*124*

接下来，可以去看看很多西方国家的现实，在这些国家，贫困的范围更广，贫困者在法律程序中处于真正的劣势。在这些国家，在量刑政策中主张对社会因素的严重依赖，是特别危险的。

---

[54]　M. Gardner, 'The Renaissance of Retribution: In Examination of "Doing Justice"' (1976) *Wisconsin Law Review* 781.

[55]　von Hirsch and Ashworth 2005，Ch. 5.

如果犯罪率很高，基于贫困的减轻情节，将使大量低收入的被定罪者的惩罚被减轻，很难确保该减刑情节在量刑法中得到适用。社会地位因素采用得越多，产生的效果可能会正好相反：危险性考量仍然会被引入，而那会使贫困被告人处境更糟。但是，人们绝不能做的，是试图在两个方面都来使用它：从"现实的"（"realistic"）角度批评对该当因素的使用，同时又从乌托邦的角度，敦促立即采用其他"非法律的"（"non-legal"）因素。

六、"空心"论

最后的一种反对意见，是"空心"论（"vacuousness" argument），是由妮科拉·莱西（Nicola Lacey）和汉娜·皮卡德（Hanna Pickard）在最近发表在《现代法律评论》（*Modern Law Review*）的论文中提出的。[56] 这两位作者对该当模式的反对意见是，它的比例原则是"空想的"（"chimerical"），因为它没有提供可行的媒介规范（mediating norms），以将犯罪严重性的尺度与刑罚的尺度联系起来。[57] 因此，〔她们〕设想一种严峻版的"该当"刑罚，在其中，对所有犯罪都将裁定监禁刑——从最轻（也许只是受到几个月监禁）到最重（比如，可能被判处终身监禁）。这样一种过分加重的尺度，为何没有资格也被称为"符合了比例"呢？

这种反对意见站不住脚，因为以该当性为导向的惩罚尺度，并非以那般纯粹比较的方式加以建构。根据本书描绘的架构，对犯罪严重性的评价，根据的是犯罪行为对被害人及潜在被害人的生活标准的影响，这是通过阿马蒂亚·森〔提出的〕标准化生活

125

㊶ Lacey and Pickard 2015.

㊷ 尽管妮科拉·莱西和汉娜·皮卡德没有具体讨论刑罚尺度（penalty scale）的锚点，但她们认为，比例性的尺度将会允许加重："比例性的概念本身并没有对刑罚产生具体的限制；因此，刑罚的程度——以及实际上的方式——仍然会在共识（convention）、政治决定或权宜方便之间摇摆。"（Ibid.，235.）

质量（standardised quality of life）的概念来定义的（参见第六章）。这将产生尺度的锚定规范（anchoring norms for the scale）——比如，只有对严重之罪（在森的生活质量术语中是这样定义的）才能允许严厉之刑，诸如长期监禁（另见第八章）。该模式还利用了其他不同的锚定点——比如，那些涉及监禁与中间制裁措施之间的"进出"（"in-out"）边界的问题（参见第七章）。

一种建立在该当性基础上的方案，也应当受到假定的政治与社会语境的影响。就我此处的讨论而言，那也正是我从一种特定背景中举出我的例子的原因：一个具有强大自由主义传统的国家，瑞典。在不同的背景中，刑罚方案的具体细节可能会有不同的发展，虽然需要解释这种差异的原因。莱西和皮卡德提出的异议的本质是，它提出了一个简化的比例性概念，然后（毫不奇怪地）发现这是空心的。

拓展阅读

1. Ashworth, Andrew（2015）*Sentencing and Criminal Justice*, 6th edn.（Cambridge, Cambridge University Press, 2015）Chs. 4, 6, 9.

2. Reitz, Kevin R.（2006）'Don't Blame Determinacy: US Incarceration Growth Has Been Driven by Other Forces' *Texas Law Review* 84, 1787.

3. Tonry, Michael（ed.）（2014）*Crime and Justice*（Vol. 43）: *Why Crime Rates Fall, and Why They Don't*（New York, Oxford University Press）.

4. Zimring, Franklin E., G. Hawkins and S. Kamin（2001）*Punishment and Democracy: Three Strikes and You're Out in California*（New York, Oxford University Press）.

126

第十一章　对青少年的比例量刑

一、概述

在西欧国家，对青少年司法的态度，与对成年人刑事司法的态度有较大区别。[①] 有些国家（比如瑞典），存在着强调量刑比例性的青少年司法制度。[②] 青少年犯罪人与成年犯罪人在同一法庭受审，对青少年犯罪人量刑的严厉性，在很大程度上（正如在瑞典对成年犯所做的那样）取决于行为人罪行的严重程度。青少年犯处遇的明显不同之处在于其降低了的刑罚水准；与对成年犯的

[①] 关于这种对比方法的调查，see BC Feld and DM Bishop（eds.），*The Oxford Handbook of Juvenile Crime and Juvenile Justice*（New York，Oxford University Press，2012）。

[②] See also A. von Hirsch and A. Ashworth，*Proportionate Sentencing：Exploring the Principles*（Oxford，Oxford University Press，2005）Ch. 3.

相比，对青少年犯罪量刑的严厉性大幅降低。[3] 欧洲的其他法域，则采取了相当不同的方法。在英格兰，量刑指导委员会最近公布的青少年量刑标准，采取了以该当性为导向的方案[4]，与瑞典方案有很大程度的相似。相比之下，苏格兰针对青少年犯量刑采取了以恢复为导向的方案。[5] 其他国家（比如德国）[6] 采取混合制，采用了混合目的。

127

关于青少年司法的英美文献中，特别是在两位杰出的美国青少年司法学者巴里·费尔德（Barry Feld）与富兰克林·齐姆林（Franklin Zimring）的论著中，有这样的主张：作为一个公平性问题，重点应当放在青少年犯之罪行的严重程度。[7] 这些学者还主张，针对青少年犯的比例性量刑应当降低，要远远低于适用于成年人犯的那些比例性量刑（在瑞典已经这样做了）。

我总体上同意瑞典的做法——也同意费尔德与齐姆林的意见，即对青少年人的刑罚应当与罪行的严重性成比例；但应当规定的比例性标准，相比起对成年犯的，需要大幅减轻刑罚。[8] 本

---

③　N. Jareborg, 'The Swedish Sentencing Reform', in C. Clarkson and R. Morgan（eds.）, *The Politics of Sentencing Reform*（Oxford, Oxford University Press, 1995）.

④　See Sentencing Guidelines Council（England and Wales）, *Overarching Principles—Sentencing Youths*（London, Sentencing Guidelines Council, 2009）.

⑤　M. Hill, A. Lockyer and F. Stone（eds.）, *Youth Justice and Child Protection*（London, Jessica Kingsley, 2007）.

⑥　德国《青少年法庭法》通常是原则性地强调恢复（rehabilitation），但其关于青少年犯监禁理由的规定涉及其他因素，包括隔离（incapacitation）（罪犯有"危险倾向"）和该当（其犯罪行为很严重）。

⑦　FE Zimring, *The Changing Legal World of Adolescence*（New York, Free Press, 1982）; B. Feld, *Bad Kids: Race and the Transformation of the Juvenile Court*（New York, Oxford University Press, 1999）; B. Feld, 'Adolescent Criminal Responsibility, Proportionality, and Sentencing Policy'（2012）*Law & Inequality* 31, 263.

⑧　See also L. Zedner, 'Sentencing Young Offenders', in A. Ashworth and M. Wasik（eds.）, *Fundamentals of Sentencing Theory*（Oxford, Oxford University Press, 1998）Ch. 7.

章即是要探讨为何应当采取这一政策。

设想有一种成年犯量刑方案，它基于比例性、该当性的量刑基本原理，正如前几章所述，并由此开始讨论。在这种方案中，将根据所涉罪行的严重程度，对刑罚进行等级排序，根据罪犯的前科适度调整。该方案的基本原理，是要强调刑事谴责，而不是因犯罪行为而对犯罪人进行"回报"（"pay back"）。因此，如前文（第五章）所述，该方案将会采用适度的刑罚（moderate penalties）。

关于该方案，我在此提出的问题是，当其适用于青少年犯罪人时，应如何修正。[9] 我要维护的论点是，与对成年犯的量刑相比，需要大幅度全面地减轻量刑。[10] 减轻的量，应根据青少年犯的年龄进行分级。因此，问题就变成了为什么（*why*）这样做是适当的。现有文献提到了对青少年犯刑罚减轻的三大理由：（1）青少年犯的可谴责性（culpability）减轻；（2）当刑事制裁适用于青少年犯时，具有"更大的惩罚性痛苦"（"punitive bite"）；以及（3）将青春期视为"试错性阶段"的观点。这里将逐一讨论这三个主题。[11]

二、可谴责性

在关于青少年司法的文献中，有一种减轻刑罚的观点，与青

---

⑨　就这里的分析而言，青少年犯是指年龄范围从最低刑事责任年龄到法定成年年龄之间的犯罪人。

⑩　不过，在一些法域，青少年犯现在可能根本无权得到任何减刑。在美国许多州，其案件被"放弃"（be waived）给成年人法庭的青少年，可能会面临成年人程度的惩罚。实际上，的确有年仅 13 岁的未成年人就被判处终身监禁，不得假释。

⑪　对这些及相关因素的讨论，see also ES Scott and L. Steinberg, 'Blaming Youth' (2002) *Texas Law Review* 81, 799; RA Bierschbach, 'Proportionality and Parole' (2012) *University of Pennsylvania Law Review* 160, 1745; BC Feld, 'Youth Discount: Old Enough to Do the Crime, too Young to Do the Time' (2013) *Ohio State Journal of Criminal Law* 11, 107.

少年犯的可谴责程度降低有关。如果一名 15 岁的人犯了入室盗窃罪，或者，如果一名 30 岁的人犯了入室盗窃罪，那么犯罪行为的损害结果是一样的；但是，可谴责性的归咎（ascriptions）应当不同：实施该行为时，青少年的行为中个人过错较少，使行为的严重程度也较低，因此，所受到的刑罚也应相对较轻，因为它不如成年人犯下的类似罪行那么严重。

由此问题就成了，为什么可谴责性减轻了。文献中提到了两种论点：（1）一种主张是关于认知的（cognitive），即青少年对罪行之损害结果的评估能力、理解能力较低；和（2）另一主张是关于意志控制的（volitional controls），即他们用以发展出控制冲动以及在同等压力下抵制犯罪的机会较少。但是，为什么这些因素可以被允许算作是可谴责性减轻？对于正常的成年人来说，没有充分发展的冲动控制，通常并不会被认为是减轻可谴责性的理由。为什么对青少年就要这样做？

129

1. 认知因素

认知性抗辩与青少年对其行为危害结果的理解能力较低有关。据说，青少年"没有获得像成年人那样认识其行为结果的完整能力"[12]。但是，这里提到的是何种结果？

认知上的这种不足，通常不会关系到犯罪构成要件要素中的结果。青少年所犯的许多常见罪行，都要求具有目的或认知。例如，对于住宅盗窃罪，一个人如果非法进入另一人的住所，夺取不属于自己的财产，就满足了该罪的行为要素。但是，他必须要意识到，住宅和财产不是他自己的；而且在进入住宅时，必须具

---

[12]　C. Ball, K. McCormac and N. Stone, *Young Offenders: Law, Policy and Practice* (London, Sweet & Maxwell, 1995) 115; see also Feld 1999, 306–12; FE Zimring, 'Toward a Jurisprudence of Youth Violence', in M. Tonry and M. Moore (eds.), *Youth Violence. Criminal Justice: A Review of Research* (Chicago, Chicago University Press, 1999) Vol. 24, 487.

有无论如何也要占有该财产的意图。如果他不理解这些事情，就根本不是入室行窃。然而，这类简单的知识是大多数青少年能够掌握的。即使是一个 15 岁的孩子，当他闯入公寓偷走一台电视机时，通常也能理解公寓是别人的，电视机不应是他可以取走的。

那么，还可以从哪些方面认为，青少年对行为的危害结果缺少足够的理解？这种认知短缺，关系到的是禁令所保护利益的作用及重要性。住宅盗窃罪的禁令，涉及的是以实施盗窃或其他犯罪为目的，未经许可进入他人住宅。但是，由此保护的利益是什么？预防盗窃不可能是其唯一的目的，因为其他刑事禁令会处理它。预防非法侵入房主的不动产，这种理由也不充分，因为非法侵入同样会由另一禁令来处理。在入室盗窃中，处在危险中的最重要利益，看起来与个人隐私和个人安全感有关。正是这种结果，是青少年可能没有充分理解的。虽然 15 岁的入户窃贼有可能完整地意识到，他是为了取走一台不属于他自己的电视机而非法进入受害人的公寓，但是，他有可能不能充分理解他的侵入是如何侵犯到了被害人对于住宅作为自己个人空间的合法感觉，以及他不被允许地进入是如何让被害人感到脆弱和无安全感。即使他事实上了解这些事情，他仍有可能没有恰当地*理解*（*appreciate*）它们——也就是说，体会到（比如）让一个人的生活空间如此被侵犯的感觉是怎样的。

然而，有待解释的是，这样一种对相关利益的不完全理解，为什么会影响到过错的归咎。对于成年犯而言，此种考量，通常不会被认为是开脱罪责，甚或减轻刑罚的因素：认为自己只是非法侵入、窃取一些个人财产的 35 岁入室盗窃犯，不会因未能理解其行为具有侵犯隐私的性质而值得受到较少的刑罚。我们要求具有能力的成年人，对于其他人的基本利益以及各类不当行为

（misconduct）会如何影响这些利益，要有一般性的理解。^⑬ 对此类事项缺乏理解，构成了未能拥有相关道德标准的情况，不应该是情有可原的；从道德上讲，缺乏此种理解的入室盗窃犯，比那些的确理解且进入并偷窃的窃贼来说，并不会被认为更可取。

对青少年来说，如果结论应该有所不同，那一定是因为我们应当持有不同的规范（*normative*）期待。这种观点必定会认为，我们不能合理期待青少年能够完全理解他人之基本利益的性质，以及典型犯罪是如何影响到这些利益的——因为要实现这种理解，是一个发展（*developmental*）过程。相对于知道入室和取走他人的电视机是违法的来说，理解入室盗窃是如何影响到一个人的安全感，需要更多的道德洞察力。发展这种理解需要认知技能和道德推理能力，这些技能和能力是随着时间推移而发展起来的，并且在青春期恰恰是就是如此。14 岁或 15 岁的人很少有机会去理解其他人的利益，而我们可以合理地对成年人提出那样的要求。

这就引出了一个关键点，即这些认知论在本质上是否主要是描述性的，或是规范性的。如果是描述性的，那么可谴责性减轻的主张，将取决于对后果的理解不足这方面的经验性证据。但在一个特定的年龄组中，理解的程度差别很大：一个聪明的 15 岁的人，比一个迟钝的人，甚至比一个迟钝的成年人，对这些事情的理解能力要强得多。因此，一种描述性的方法可能导致对相同年龄的年轻人的不同处遇，并要求去努力对一个特定的青少年的道德成熟程度作出模糊的判断。这也会导致道德成熟度更高的青少年会受到更严厉的处罚这样的不良后果——这一困难在（现已

131

---

⑬ D. Husak and A. von Hirsch，'Culpability and Mistake of Law'，in S. Shute，J. Gardner and J. Horder（eds.），*Action and Value in the Criminal Law*（Oxford，Oxford University Press，1993）163 - 65.

废除的）英国无犯罪能力规则（rule of *doli incapax*）适用时表现得尤为明显。⑭ 最重要的是，单纯的描述性方法无法解释，对结果的理解不充分为什么应当（*should*）影响可谴责性。

因此，可谴责性减轻的主张，必定具有强有力的规范要素：这不仅仅是因为，事实上青少年对犯罪后果的理解不够充分。相反，这些特质在很大程度上取决于经验、学习、认知和意志力，这些能力也是随着时间的推移在青春期发展起来的，而这正是我们可以合理地要求他们的全部。如果孩子出生时就像雅典娜一样全面成熟，我们的道德要求可能会更加严格。然而，如果是这种情况，我们将不再谈论儿童问题。

在这种规范论中，采用基于年龄的分级排序是适当的。由于认知发展与获得经验的机会和年龄有关，可以合理地预期 17 岁的青少年比 14 岁的青少年有更充分的理解。因此，在评价犯罪严重性（以及由此的制裁严厉性）时，对于应当采用的等级区分尺度，可以根据年龄来减轻评价，对于最接近最低刑事责任年龄的人，这种减少的幅度是最大的。这种尺度，反映的是规范的期待，不是个体之间的实际发展模式。对于入室盗窃某人住宅的典型损害结果，一个 14 岁的孩子，相对于一个 17 岁的孩子，事实上的理解是不同的。但是，对于这个 17 岁的孩子，我们可能会有更多的合理预期，因为他已经有了更大的机会成长为成年人。

2. 意志控制

可谴责性的另一方面涉及意志控制（*volitional controls*）。青

---

⑭ 根据英国 1998 年以前的刑法，只有起诉人在证明犯罪构成要件之外，还承担责任证明了儿童当时明知（knew）行为是错的（wrong），才可追究 10 岁至 14 岁的儿童的刑事责任。在 1998 年《犯罪和动乱法》（The Crime and Disorder Act 1998）第 34 条中，这一规则被废除。然而，该法没有利用废除这项规则的机会将刑事责任年龄提高到 14 岁，而是将所有青少年犯（juvenile offenders）的刑事责任年龄降低（re-duced）到了令人惊讶的 10 岁的水平。

少年往往不太能推迟满足〔欲望〕，控制愤怒及攻击性情绪，抵制同等压力。当一个人只有 15 岁时，自我的克制就更难实现。[15]

在这方面，相关的规范期待仍会变得更加重要：必须要问到的是，为什么较低的自我控制应当成为可谴责性的减轻因素。对于成年人来说，这个特性通常不能用来减轻过错。如果一名成年的刑事被告声称，由于他对自己冲动的控制不足，所以应当减轻对他的惩罚，我们通常认为这是一种道德弱点，不会使其行为的可谴责性有任何的减轻。只有当这些缺陷是基于精神或情感的重大障碍时，减轻刑罚的主张才可以得到支持。[16] 这一结论为何不应适用于青少年？

自我控制与道德发展的其他方面一样，是一种学习（learned）能力，童年和青春期则是学习它的时期。天使有可能从他们被创造的那一刻起就有了自律，但我们没有，也不应当指望孩子出生时就具有同样的能力。正是通过认知和情感的成长、与他人的互动、接触社会规范，这种能力才得以获得；这不仅可以在儿童时期〔发生〕，还可以在整个青春期发生。与成年人相比，犯了罪的青少年用以发展冲动控制和抵制同等冲动的时间与机会更少——正是这些因素适当地影响了他们的可谴责程度。和前面讨论的认知维度一样，我们应该拥有的期望也应当随着年龄的增长而变化。当青少年接近成年的时候，应当期待他能更好地控制自己。

3. 青少年"减免"抑或个体评价？

如果上述可谴责性因素表明对青少年犯的惩罚要减轻，这是否涉及无条件地减轻惩罚，或者对可谴责性进行个体测定？前述

---

[15]　See Feld 1999，309 - 13.

[16]　因此，根据瑞典量刑法，被告"……因精神异常……控制其行为的能力下降"要被视为减轻（处罚的）因素。参见瑞典刑法典第二十九章第 3 条第 2 款。

观点所支持的原则，是与年龄有关的无条件地减轻原则。相同年龄的青少年，虽然对结果的实际理解相差甚大，但是，应当要求的理解程度取决于年龄：应当期待 17 岁的人比 14 岁的人有更多的自控能力，14 岁的人的刑罚应当更轻。鉴于已经指出的理由，根据对青少年道德发展程度的个体测定来评估可谴责性，既不可行，亦不可取。

但是，即使接受这一原则，量刑时减轻的量也不会被简化为一个简单的公式。数字化的、与年龄相关的减免（相对于对成年犯的现行刑罚水准），不会令人满意，因为，针对不同罪行的成年犯量刑，仍然代表的是一定幅度的、可容许的刑罚（根据个案中的行为损害程度及可谴责程度）。在决定与年龄有关的刑罚需要减轻的程度时，必然涉及定性判断。

除了无条件的、与年龄有关的减轻外，在成年犯也可以主张的那种减轻类型里，青少年犯也应当有权提出某些个别化抗辩。比如，对一名年轻的犯罪人，因为他只是犯罪中的次要实行犯，或者受到了挑衅，故可以根据其年龄在通常适当的水平之下处罚。[17]

需要进一步讨论的是，是否需要承认存在仅适用于青少年的任何特殊的、个别化的减轻处罚抗辩。即使不应经常性地尝试对道德发展进行个别化评估，但是，当青少年在发展理解或自我控制时，遭遇到异常严重的障碍，就需要承认某些特定类型的情势〔是个别化的减轻抗辩〕。[18] 讨论这样的一种方法，需要进一步地思考，何种特殊情况才可以允许这种特别的减轻。

三、刑罚痛苦性

文献中关于减轻刑罚的第二类观点，涉及"刑罚痛苦性"

---

[17] 瑞典刑法典第二十九章第 3 条。

[18] 比如，对于经济极度困难的儿童（children）来说，这可能是正确的。

134

("punitive bite")。有人认为，一种特定的刑罚，如果是让一个更年轻的人来遭受，其严厉的程度，要超过一个成年人所遭受的。有人断言，年轻人在心理上的抵抗力较弱，他们遭受到的刑罚，对其教育和个人发展机会的干扰会更大。[19]

但是，这样的主张产生了一个问题，即应当使用何种概念上的刑罚痛苦性。一种视角是主观主义的：制裁的严厉性取决于其使人经历的不快程度。[20] 因此，当适用于青少年时，刑罚会显得更严厉，仅仅是因为那些人会更敏锐地感受到它。然而，这样一种主观主义的严厉性概念将会产生棘手的影响。它将允许在任何特定年龄的罪犯之中有很大程度的差异。有些 15 岁的人很强硬，另一些却很温和，因此就可以对强硬的人施加更严厉之刑，理由是他们从刑罚中感受到的痛苦更少。根据特定犯罪人的感受性来测量刑罚的程度，也会产生令人担忧的社会影响，因为刑罚感受性的强度和程度，与社会的阶层有关。

此外，主观主义对刑罚严厉性的看法，在我看来，原则上是错误的。使刑罚更严厉或更轻缓的，并非因人而相差巨大的感受性，而是这些制裁会在多大程度上干扰人们已经享有的或应该享有的重要利益。利益不仅仅是主观的：它们由人们可以提出合法规范要求的资源所构成。因而，比如，监禁之严厉性，不仅取决于监禁是否让人"感觉很糟糕"（"feeling bad"），还取决于监禁是否干预了诸如行动自由、隐私、日常活动中的个人自主性，以及选择自己伴侣的权利等重要资源（参见第六章）。因此，相对于评估刑罚痛苦性，采用利益分析法更为可取。刑罚严厉性的等级排序，应当根据受影响利益的重要程度，以及刑罚对这些利益

135

---

[19]　Zedner 1998，173.

[20]　有关刑罚痛苦性（punitive bite）的主观主义视角，see AJ Kolber, 'The Subjective Experience of Punishment' (2009) *Columbia Law Review* 109，182。

的侵扰程度来进行。对那些利益的重要性，可以根据其对普通人的"生活标准"（"living standard"）——一个人要过上一种满意的生活通常所需的资源和能力的影响程度来评价（参见第六章第二部分）。

这一利益分析法，要如何用来评价青少年的刑罚痛苦性？可以认为，年轻人具有某些特殊的利益；刑罚对他们来说更沉重，因为它侵扰到了这些利益。首先是某些*发展利益*（*developmental interests*）。通常，必须向 14 岁至 18 岁的青年人提供关键的机会和经验。一个年轻人需要有足够的教育和学习机会；需要有合理的成长环境，拥有良好的成人榜样；需要与其信任的朋友和同事建立关系。这些不仅是偏好（preferences），还是*利益*（*interests*）：一个年轻人应该拥有这种资源，这样才能充分地长大、成熟。因此，对青少年犯的刑罚往往会显得更为严厉，因为它们损害到了这些利益。这在监禁中表现得最为明显——它往往阻碍学习的机会，提供一种敌对而非有利的环境，几乎没有榜样或只有破坏性的榜样，并且助长不信任的态度。因此，刑罚如果是由青少年来承受，就会显得更加的严厉，比例性会要求减轻它。

第二种利益涉及*自我肯定的能力*（*capacity of self-esteem*）。考虑到刑事制裁具有的谴责含义，受到惩罚几乎不能提升一个人的自我肯定。对任何人来说，在没有自我妥协感的情况下，去经历和感受刑罚都不容易；对青少年来说困难更大，因为他们正在经历青春期。青少年的特点是，他们的自尊心，他们作为有可能实现更美好未来的、有价值的人的自我意识，往往比成年人的自尊心、自我意识更脆弱（而且可以合理预期是更脆弱的）。这又是一个规范性问题，而不仅仅是一个描述性问题。发展一种健全的自我观念，一种有弹性但能评估和应对他人的批判性判断的自我观念，是成熟和经验的产物。因此，预期青少年在面对惩罚时的心理承受力在程度上低于对成年人的那种要求，是适当的。这些规范性判断同样与年龄有关。犯罪人越年轻，可以合理要求于他的承受力就越小。

这些发展利益不仅会指向制裁严厉性的减轻，还会指向关于制裁类型（type）的不同标准，即使在控制严厉性后也是如此。比如，鉴于监禁对青少年的教育、家庭生活和社会生活的破坏性影响，关于制裁类型的那些标准可能会要求更多地适用非监禁刑，而不是短期监禁刑。[21]

四、对青少年的特殊"容忍"？

到目前为止，我已经讨论了可谴责性与刑罚痛苦性的问题。青少年犯受到的刑罚较轻，因为（1）他们的可谴责性较轻，并且（2）刑罚会更加消极地影响到他们。然而，这仍然是在假定，将刑罚严厉性与犯罪严重性联系在一起的规则会保持不变。如果犯罪（因可谴责因素而调整）具有相同的严重性等级，而刑罚（因青少年的更大脆弱性而调整）具有相同的严厉性等级，那么青少年犯和成年犯将受到相当的刑罚。

但是，有无可能再进一步？难道不能有一个不同的规则，将刑罚的严厉性与青少年（而不是成年人）所犯之罪的严重性联系起来？这将构成一个更有力的主张，即青少年应当受到更少的刑罚：即使在可谴责性与刑罚痛苦性被考虑在内的情况下，也应该有不同的、较温和的刑罚规则适用于青少年犯。我相信这样的一步是可取的。那么，问题就变成了：为什么要这样做？并且，对青少年犯适用不同的刑罚规则，如何才能符合量刑的比例观念？

我们知道，青少年是一个试验性时期，也就是说，为了减少对成年人指导的依赖，为了努力地自主生活，为了试验限度。由

㉑　关于在比例模式下短期监禁刑与非监禁刑之间易科的可能性的讨论，参见〔本书〕第八章。

是之故，现在是犯错误，包括犯伤害他人之错误的时候。富兰克林·齐姆林将这一时期比作司机获得学员许可证的时期：我们知道他的驾驶比有经验的司机差，因此更有可能造成事故；但我们无论如何都会允许他驾驶（尽管有具体的限制），因为只有这样做了，他才能学会成为一名合格的驾驶者。[22]齐姆林认为，为这种试验过程赋予空间，在现代社会特别重要。在这方面，我们不希望以传统社会制度的方式来训练年轻人去履行预定的社会角色。相反，我们希望帮助他们学会自主行动，作出自己的生活选择。这就需要允许青少年自己选择，即使是考虑到有不可避免的风险。

如果这些都是在允许青少年尝试自主行为的过程中会涉及的风险，那么，要如何处理那些我们知道的可能导致的损害？合理的回答是减少损失——用齐姆林的话说，"在（青少年犯）以损害社区的方式来滥用其机会时，要尽量减少我们对他们的损害"[23]。青少年制定的刑罚政策，"（甚至）要那些犯下严重错误的人保留其生活选择"[24]。这又是一场赌博：大多数滥用这些机会的青少年，将会在他们成熟时学会如何更好地自主生活，而且不应因其先前的错误选择而被不当地赋予刑罚后果。

减轻这种负担的一个办法，是采用一项针对青少年的刑罚规则，它没有成年人的刑罚规则那样严厉。即使在根据可谴责性与"刑罚痛苦性"方面的差异进行了调整之后，所采用的刑罚规范，也应当比适用于成年人的要更温和。希望通过减轻惩罚，减少他或她的早前错误带来的负担可以更好地保护年轻人的机会和前景，从而使他们能够像成年人一样自由地生活。

138

---

[22] Zimring 1982，Ch. 5.

[23] Ibid，91.

[24] Ibid.

这一观点在多大程度上支持青少年刑罚水平降低？有几个问题需要澄清。一个问题涉及这种减轻可能产生的预期后果。是否可以说，如果采用更温和的刑罚尺度，青少年犯罪率就会下降？对比，可能会有两种不同的说法：一种说法是，更温和的制裁会使青少年较少地自我识别为犯罪分子，从而不那么频繁地犯罪；另一种说法是，这种减轻的制裁可能会减少边际遏制效应，从而导致青少年犯罪的增加。然而，鉴于对边际遏制的效果、其他犯罪预防效果的有限认知状况，对这种潜在影响的衡量，哪怕是一点点的信心也是没有的。㉕

关于对青少年犯的这种"特殊容忍"（"special tolerance"）的有益影响的任何主张，都应当专注于刑罚如何影响通常的成长过程。自主的生活不仅要作出选择，还会被他人要求去为这些选择负责。比例主义的量刑原理认为，这种负责性（accountability）的一部分，是要因犯罪行为而承受刑事谴责。然而，刑罚也往往会打断成长的通常进程和发展机会。既使青少年负责，又要减少对其生活前景的潜在损害的一种方式是的采用严厉性更低的、针对青少年的刑罚规则。

然而，这还没有把我们带到我们想要的结论。"减少损失"（"cutting losses"）是结果主义（*consequentialist*）的考量：它涉及刑罚减轻的有益（或伤害更少的）结果。但是，比例主义量刑的基本原理采用了*回溯性的*（*retrospectively*）刑罚标准：它涉及刑罚谴责，即通过制裁已实施的犯罪行为来传达的刑罚谴责。那么，"限度测试"（"testing of limits"）的主题，是如何与这种回溯性标准发生关联的呢？接下来我们讨论这个问题。

㉕ 参见前文第一章第四部分；AE Bottoms and A. von Hirsch, 'The Crime-Preventive Impact of Penal Sanctions', in P. Cane and HM Kritzer（eds.）, *The Oxford Handbook of* Empirical Legal Studies（Oxford，Oxford University Press，2010）Ch. 4，98 - 106.

139 　　在决定比例性量刑时，主要的考虑因素是犯罪行为的严重性及刑罚的严厉性程度。这些维度，和适用于青少年犯的一样，刚才已经讨论了。然而，某些情况下还有另一考虑因素，即我说到的部分性容忍（partial tolerance）。容忍所要对话的，并非犯罪行为的严重性，而是对一定严重程度的行为应当处以多高程度的刑事谴责。部分性忍容的理念是，在某些情况下，应当对受惩罚者的困境抱有一定程度的同情，从而适用更加宽容的刑罚标准。

　　我在不同情况下使用了部分性容忍概念，即是说，为了论证对（成年人）初犯刑罚给予减免（第七章）。我建议的初犯减免，也不是基于可谴责性减轻的主张；它适用于看起来具有充分的可谴责性（比如，非常清楚他的行为的不法性）的初犯。这一主张的实质是，即使初犯罪行反映了同等的可谴责性，也应当用更轻的标准来评判。

　　我已经提出，对初犯者的部分性宽容应该建立在失误的概念之上。[26] 当越界行为（即使违反的是刑事法规）发生时，由于先前一直处于服从的状态，故可以对其作出较轻的判断。这种想法是，即使是一个行为正常的人，也可能在一时的任性或软弱中失去道德的约束。这种失误反映了人类的值得同情的某种弱点。

　　类似的容忍议题，是否也应适用于青少年，以便为更温和的刑罚规则辩护？我认为是可以的——虽然它的特殊性需要不同的对待。上文中作为试错性时间的青春期概念，为部分性容忍的准许提供了充分理由。为何如此？要强调的重点，不仅仅是青少年更容易逾越法律的限制。相反，他们的处境，鼓励他们开始自主选择，鼓励他们进行试验，从而承担着越界的危险。如果认为年轻人要去"尝试"（"try"）作出自己的决定，尽管可能作出有害

---

　　[26] 参见〔本书〕第七章。

的选择，那么，对于失败就应当抱有特别的同情，且应当以不那么严厉的标准来评价那些失败。

这一论点中的某些要素值得注意。第一，这与较早前提出的主张不同，即青少年犯的可谴责性较轻。这种容忍论不能被简化成如下抗辩：没有足够理解结果，没有充分控制冲动。相反，年轻人在拥有更加自主地生活的机会时，可能会作出错误的选择——包括他们完全了解危害结果的错误选择，以及他们原本可以避免的错误选择。学会作出选择的同时会有作糟糕（*bad*）选择的风险。

第二，青少年犯一般（*generally*）都应得到容忍。任何青少年，由于青春期的状态，都面临着学习自由生活所会涉及的困境，因此，逾越限度的行为应当被给予一定程度的同情。

第三，也是最关键的一点，容忍是*暂时性的*（*temporary*）。它应该在青春期的早期最强，并随着成年年龄的接近而逐渐减弱。这符合背后的基本原理——青春期是学习自由生活的时期。当达到成年时，这个人就已经拥有了试错限度的机会，并应作为一个成年人而负责。

这一观点，如何影响到了齐姆林关于青春期是试错性时间的议题？如上所述，他的论点是结果主义的：如果减轻刑罚，则对青少年犯的伤害就会减少。为了在比例主义的量刑原理下证立刑罚减轻，我们需要的是一种回溯性理由——而我认为，它是由容忍论提供的。减轻刑罚不仅仅是避免今后产生不良后果的问题；从道德上讲，鉴于青少年在学习自主生活时面临的困境，用一种严厉程度更低的标准来评价青少年犯是适当的。

拓展阅读

1. Duff, RA（2002）'Punishing the Young', in I. Weijers and RA Duff（eds.）, *Punishing Juveniles*：*Principle and Cri-*

tique (Oxford, Hart Publishing).

2. Feld, Barry C. (2012) 'Adolescent Criminal Responsibility, Proportionality, and Sentencing Policy' *Law & Inequality* 31, 263.

3. Feld, Barry (1999) *Bad Kids: Race and the Transformation of the Juvenile Court* (New York, Oxford University Press).

4. Scott, Elizabeth S. and L. Steinberg (2002) 'Blaming Youth' *Texas Law Review* 81, 799

5. Shust, Kelsey B. (2014) 'Extending Sentencing Mitigation for Deserving Young Adults' *Journal of Criminal Law & Criminology* 104, 667.

141

附录　该当模式的演进
——简要年表

为了简要地描述该当模式，本书将其作为统一性理论（uni-fied theory）提出。这种表述方式旨在使该当模式及论证依据更易于理解，并阐明各要素之间的关系。

然而，这种模式不是一次性发展起来的，也不是由一个作者提出来的。相反，它已经发展了很长的一段时间，不同的贡献者在不同的时间在其中添加了不同的主题。在此，我要勾勒出这一演进过程中的一些里程碑。

1.《践行正义及其起源》（*Doing Justice and Its Genesis*）。

《践行正义》[①] 是〔美国〕监禁刑研究委员会（Committee for the Study of Incarceration）的报告，这个委员会主要由犯罪学家、

[①]　von Hirsch, *Doing Justice*: *The Choice of Punishments*〔New York, Hill and Wang, 1976; reprinted 1986（Boston, Northeastern University Press）〕；参见本书第一章。

法律学者和其他感兴趣的理论学者组成。② 该委员会由美国前参议员查尔斯·E. 古德尔（Charles E. Goodell）担任主席。我曾是古德尔参议员在美国参议院的上一个任期内的首席立法助理，并被指定为该委员会的执行主管和项目负责人。一开始就决定，该委员会应当对量刑政策的概念基础及规范基础进行根本性的重新审议。

143 在该委员会于 20 世纪 70 年代初开始其工作之前的几十年中，存在着一种普遍的量刑概念，它体现在诸如美国法律研究所（American Law Institute）的《模范刑法典》③（*Model Penal Code*，1962）等文件中。这种主张，使犯罪的个别预防成为量刑的基本依据。犯罪人的恢复需要以及其被评估的再犯可能性是强调的重点。量刑法官的任务，是根据犯罪人的处遇需要和再犯风险配置刑罚。为了实现这些目标，法官须被授予广泛的裁量权，以按犯罪人的个别需要进行量刑。

该委员会在 1972 年年初开始审议时，有一种对这种处遇与预测范式（treatment-and-prediction paradigm）的祛魅迹象。有证据表明，经过仔细评估，罪犯恢复方案在降低犯罪人再犯率方面取得的结果令人失望。同样，对犯罪人再犯可能性的预测显示出了"误报"（"false positives"）的高发生率，即犯罪人被错误地归类为潜在违法者。

该委员会最初的讨论，证实了对当时盛行的量刑理念的日益怀疑。④ 该委员会还很快地支持对量刑和假释的裁量权的明确限

---

② 该委员会成员有：美国前参议员 Charles E. Goodell（主席），Marshall Cohen，Samuel du Bois Cook，Alan M. Dershowitz，Willard Gaylin，Erving Goffman，Joseph Goldstein，Jorge Lara-Braud，Victor Marrero，Eleanor Holmes Norton，David J Rothman，Simon Rottenberg，Herman Schwarz，Stanton Wheeler，and Leslie T. Wilkins。

③ American Law Institute 1962.

④ 1992 年，即该委员会审议的第一年，该小组通过了一份我写的论文，这篇论文对以预测为基础的量刑方案持高度批评态度。See A. von Hirsch（1972）'Prediction of Criminal Conduct and Preventive Confinement of Convicted Persons'（1972）*Buffalo Law Review* 21，717.

制，即制定指导性的原则，要求刑事司法决策者在个案决定中必须予以考量。

随后，该委员会将注意力转向了报应目的——或者，我们在审议中称之为该当性。在我们的讨论中，具有影响力的，是美国法律哲学家乔尔·范伯格在 1965 年的一篇论文，题为《刑罚的传达功能》（The Expressive Function of Punishment）。⑤ 他坚持认为，刑罚具有非难或谴责，这是它的一个基本特征。他认为，因为一定行为而对某人施加刑罚，意味着该行为是错的——行为人会因实施行为而受到正当的责难或谴责。

144

刑罚的谴责特征这一主题的引入，表明该当性考量的必要性大大增加。如果对行为人的刑罚，涉及对行为的非难或谴责，则行为的可谴责程度应当在量刑的决定中发挥更大作用。

但是，该委员会仍然面临的问题是，这种可谴责性考量到底有多重要。在该委员会的讨论中，我开始提出，该当性应当成为首要的考虑因素——我起草了一系列讨论文件，以提出这样的建议。然而，这一略显激进的观点在该委员会内部没有达成共识。将该当性和传统量刑观点结合起来的任何折中观点，都没被该小组认为更可取。尽管如此，人们仍认为该当性概念应在量刑的决定中发挥重要作用，而该委员会在公开辩论中也足够重视这个问题。

该委员会商定的解决办法是，将我那基于该当性的草案作为该委员会的报告发表，但是，我本人的名字被列为主要作者。随

---

⑤ 这篇文章转载于 J. Feinberg，*Doing and Deserving*（Princeton，Princeton University Press，1970）Ch. 5。在该委员会的审议中同样有影响的，还有一篇更早的论文：哈佛大学法律学者亨利·M. 哈特（Henry M. Hart）关于刑罚中谴责含义的论文，see HM Hart Jr.，'The Aims of the Criminal Law'（1958）*Law & Contemporary Problems* 23，401。在该委员会审议期间，澳大利亚哲学家约翰·克莱里希（John Kleinig）在 1973 年提出了基于该当性的量刑论。不过，这种观点并不依赖基于谴责的该当性概念。

后，该委员会的个别成员被问到他们在权衡各种因素后是否仍支持报告中的建议——但是，委员们的个人意见也预留了空间。在此基础上，所有成员都签署了报告，其中几位成员加上了自己的观点。个别成员表达的意见，从实质上一致，到近乎完全不一致。特别令人感兴趣的是历史学家戴维·罗斯曼（David J. Rothman）和精神分析学家威拉德·盖林（Willard Gaylin）为书（指前述报告）所写的导论，对报告的结论提供了有保留的支持，但对恢复的愿望表达了比文本所传达的更大的同情。这本书于1976年出版，引起了广泛的兴趣——事实上，比该委员会成员或我所期望的多得多。

2.《"为什么要惩罚？"之问》（*"Why Punish at All?" Question*）。

本书第三章讨论了这一问题。它涉及一个超越量刑理论的问题——刑罚制度的实体为何应当存在。《践行正义》一书中通过寻求将谴责论（censure perspective）与所谓的"利益与负担"（benefits-and-burdens）理论结合，解决了这一问题。[6] 在我随后访问瑞典乌普萨拉大学期间，瑞典同事，特别有名的尼尔斯·亚雷柏格教授，向我指出了后一观点的不足。他还建议（并使我确信）刑事制裁除了具有谴责作用，还具有制止犯罪行为的基本预防因素的性质。在以瑞典文发表的一篇论文（它后来又以英文版的形式在1983年出版）中，我提出了一种修正的观点来反映这一看法。[7] 在进一步思考后，我在1993年的《谴责和制裁》（*Censure and Sanction*）[8] 一书中提出了对该观点更加完整的表

145

---

[6] 对该理论的介绍及批评，参见第三章，脚注⑤-⑥。

[7] A. von Hirsch, 'Neoclassicism, Proportionality, and the Rationale for Punishment: Thoughts on the Scandinavian Debate' (1983) *Crime & Delinquency* 29, 52.

[8] A. von Hirsch, *Censure and Sanctions* (Oxford, Oxford University Press, 1993) Ch. 2; see also A. von Hirsch and A. Ashworth, *Proportionate Sentencing: Exploring the Principles* (Oxford, Oxford University Press, 2005) Ch. 2.

述，本书第三章反映了这一论述。

3.《基与序的比例性》(*Cardinal vs Ordinal Proportionality*)。

这一区别是在《践行正义》一书出版几年后提出来的。它是就芝加哥大学著名犯罪学家诺瓦尔·莫里斯对该当模式提出的一项重要挑战作出的回应。[⑨] 他的论点是，该当性的要求是不确定的：虽然我们具有某种感觉，知道什么时候刑罚看起来严重过度，什么时候看起来明显不足，但是，我们没有能力以任何程度的确信来辨明任何特定类型之罪应当受到多重之刑。他因此认为，该当性只能确定宽泛的外部界限，在此范围内，应当以预防犯罪的功利理由来确定刑罚。我的答复是，要区分〔本书〕第五章讨论的序与基的比例性。这一答复是在与莫里斯的合作者，迈克尔·托里（Michael Tonry），广泛讨论后形成的，在1983 年的一篇论文中我对此首次作了概述。[⑩] 接下来在关于该当理论的《已然之罪与未然之罪》[⑪]（*Past or Future Crime*，1985）一书中，我对这一区别作了更翔实的阐述，本书第五章对此也有讨论。

146

4.《犯罪严重性之衡量》(*Gauging Seriousness of Crime*)。关于这一论题在《践行正义》一书中有简要讨论，但没有得出明确结论。[⑫] 在 1986 年以及随后对瑞典的访问中，尼尔斯·亚雷柏格和我广泛讨论了这一论题，并开始认为，犯罪的严重性与

---

⑨　See N. Morris, *Punishment*, *Desert*, *and Rehabilitation* (Washington DC, US Government Printing Office, 1976)；N. Morris, *Madness and the Criminal Law* (Chicago, Chicago University Press, 1982) Ch. 5.

⑩　A. von Hirsch, 'Recent Trends in American Criminal Sentencing Theory' (1983) *Maryland Law Review* 42, 6.

⑪　A. von Hirsch, *Past or Future Crimes*：*Deservedness and Dangerousness in the Sentencing of Criminals* 〔New Brunswick, New Jersey, Rutgers University Press, 1985；United Kingdom edn. 1986 (Manchester, Manchester University Press)〕Ch. 4.

⑫　von Hirsch 1976, Ch. 9.

各种犯罪行为对人们的生活质量的影响程度有关。但是，我仍然没有更完整地说明，应当使用何种概念的生活质量。与早期该当性理论倡导者约翰·克莱尼希（John Kleinig）的讨论提供了线索：他把我们的注意力引向了哈佛哲学家、经济学家阿马蒂亚·森的《生活标准》[13]（*The Standard of Living*，1987）一书。如〔本书〕第六章所述，我们在共同撰写的文章（1991年）[14]，以及我随后出版的《谴责和制裁》[15]（*Censure and Sanction*，1993）一书中，以森关于生活标准的概念作为评估犯罪严重性和刑罚严厉性的基础。关于这个议题本书第六章展开了讨论。

5.《前科的作用》（*The Role of Previous Conviction*）。

普通人有一种感觉，犯罪人的前科改变了他该当的东西，但当问到为什么时，问题就会变得令人费解。在《践行正义》一书中，我试图对此作出解释：前科之后的再犯，会改变犯罪人在实施新罪时的可谴责性。但是，这种解释很快就让我感到不满意，其他几位同事也提出了疑问。

从1981年的一篇论文[16]开始，我提出了我今天关于"容忍"（"tolerance"）的理论，并在接下来的几十年中逐步扩展，最终在2010年的一篇论文[17]中进行了全面的阐述——〔本书〕第七章反

147

---

[13] A. Sen，*The Standard of Living*（Cambridge，Cambridge University Press，1987）.

[14] A. von Hirsch and N. Jareborg，'Gauging Criminal Harm：A Living-Standard Analysis'（1991）*Oxford Journal of Legal Studies* 11，1.

[15] von Hirsch 1993，Ch. 4.

[16] A. von Hirsch，'Desert and Previous Convictions in Sentencing'（1981）*Minnesota Law Review* 65，591.

[17] A. von Hirsch，'Proportionality and the Progressive Loss of Mitigation：Some Further Reflections'，in A. von Hirsch and JV Roberts（eds.），*Previous Convictions at Sentencing：Theoretical and Applied Perspectives*（Oxford，Hart Publishing，2010）Ch. 1.

映了我对这个问题的处理。

6.《非监禁刑》（*Non-Custodial Penalties*）。

基于该当性的量刑方案同样需要处理非监禁刑。一旦认识到监狱刑的严厉性，这些制裁主要适用于严重犯罪显然才适当，因此要求对严重性处于中等和较轻水平的罪行实施较轻的非拘禁刑。传统的非监禁刑、缓刑，要扮演好这种角色，看起来不确定性太大，与恢复的联系太多。因此，该当模式需要设计一系列适当的中间制裁措施和较轻的制裁，不包含监禁，并可以按照该当模式的要求，根据犯罪的严重程度进行等级排序。因此，从1980年代开始，刑罚学家将他们的注意力转向了非监禁刑这一主题，就不足为奇了。

在与英国同事马丁·瓦希克接触之前，我没有充分考虑这个问题，他比我更早地认识到，迫切需要一种基于该当性的、关于非监禁刑的理论。我们在1980年代中期会面，花了一些时间来设计这样一种方案——这一方案出现在1988年联合撰写的法律评论性论文[18]中。这个瓦希克-冯·赫希模型，在我随后关于该当性理论的书中有讨论[19]，本书第八章对此也有论述。

7.《青少年犯》（*Juvenile Offenders*）。

虽然我偶尔会想到该当模式是否适用于青少年司法的问题，*148*但直到1998年我读到牛津〔大学的〕同事露西娅·泽德纳就这

---

[18]　M. Wasik and A. von Hirsch，'Non-Custodial Penalties and the Principles of Desert'（1988）*Criminal Law Review* 555. 此后不久，诺瓦尔·莫里斯和迈克尔·托里在他们关于"限制性报应"（"limiting retributivism"）量刑概念（本书第十章对此有讨论）的基础上，发表了很有影响力的关于裁量非监禁刑的论文，本书第十章也有讨论。See N. Morris and M. Tonry，*Between Prison and Probation：Intermediate Punishments in a Rational Sentencing System*（New York，Oxford University Press，1990）.

[19]　von Hirsch 1993，Ch. 7.

一问题写的一篇文章⑳之后，才开始认真思考这个问题。随后我
还查阅了两位美国同事富兰克林·齐姆林和巴里·费尔德关于青
少年司法的论著。2001 年，我在自己的文章㉑提出了如何将基于
149 该当性的概念应用于青少年司法，这也是本书第十一章的基础。

---

⑳ L. Zedner，'Sentencing Young Offenders'，in A. Ashworth and M. Wasik
(eds.)，*Fundamentals of Sentencing Theory*（Oxford，Oxford University Press，
1998）Ch. 7.

㉑ A. von Hirsch，'Proportionate Sentencing for Juveniles：How Different than
for Adults?'（2001）*Punishment & Society* 3，221.

参考文献

American Friends Service Committee (1972) *Struggle for Justice* (New York, Hill and Wang).

American Law Institute (1962) *Model Penal Code* (Philadelphia, American Law Institute).

Andenaes, Johannes (1982) *Punishment and Deterrence* (Ann Arbor, Michigan, University of Michigan Press).

—— (1988) 'Nyklassicisme, Proporsjonalitet og Prevensjon' *Nordisk Tidsskrift for Kriminalvidenskab* 75, 41.

Apel, Robert (2013) 'Sanctions, Perceptions, and Crime: Implications for Criminal Deterrence' *Journal of Quantitative Criminology* 29, 67.

Armstrong, KG (1961) 'The Retributivist Hits Back' *Mind* 70, 471.

Ashworth, Andrew (1983) *Sentencing and Penal Policy* (London, Heinemanns).

—— (1989) 'Criminal Justice and Deserved Sentences' *Criminal Law Review* 340.

—— (2010) 'Sentencing Guidelines and the Sentencing Council' *Criminal Law Review* 389.

—— (2015) *Sentencing and Criminal Justice*, 6th edn. (Cambridge, Cambridge University Press).

Ashworth, A. and JV Roberts (eds.) (2013) *Sentencing Guidelines: Exploring the English Model* (Oxford, Oxford University Press).

Ashworth, A. and L. Zedner (2014) *Preventive Justice* (New York, Oxford University Press).

Asp, Peter and A. von Hirsch (1999) 'Straffvärde' *Svensk Juristtidning* 151.

Ball, C., K. McCormac, and N. Stone (1995) *Young Offenders: Law, Policy and Practice* (London, Sweet & Maxwell).

Beccaria, Cesare (1963) *Of Crimes and Punishments*. Translated by Henry Paolucci [Indianapolis, Bobbs-Merrill (Original 1764)].

Bentham, Jeremy (1982) *An Introduction to the Principles of Morals and Legislation* (edited by JH Byrne and HLA Hart) [London, Methuen (Original 1789)].

Bierschbach, RA (2012) 'Proportionality and Parole' *University of Pennsylvania Law Review* 160, 1745.

Bottoms, AE (1989) 'The Concept of Intermediate Sanctions and Its Relevance for the Probation Service', in E. Shaw and K. Haines (eds.), *The Criminal Justice System: A Central Role for the Probation Service* (Cambridge, Institute of Criminology).

—— (1998) 'Five Puzzles in von Hirsch's Theory', in A Ashworth and M. Wasik (eds.), *Fundamentals of Sentencing Theory: Essays in Honour of Andrew von Hirsch* (Oxford, Oxford University Press) Ch. 3.   *151*

Bottoms, AE and R. Brownsword (1983) 'Dangerousness and Rights', in JW Hinton (ed.), *Dangerousness: Problems of Assessment and Prediction* (London, George Allen &. Unwin).

Bottoms, AE and A. von Hirsch (2010) 'The Crime-Preventive Impact of Penal Sanctions', in P. Cane and HM Kritzer (eds.), *The Oxford Handbook of Empirical Legal Studies* (Oxford, Oxford University Press) Ch. 4.

Braithwaite, J. and P Pettit (1990) *Not Just Deserts: A Republican Theory of Justice* (Oxford, Oxford University Press).

Brottsförebyggande Rådet (1977) *Nytt Strafsystem: Idéer och Förslag* (Stockholm, Brottsförebyggande Rådet).

Bruce, Jacobs and A. Piquero (2013) 'Boundary-Crossing in Perceptual Deterrence' *International Journal of Offender Therapy and Comparative Criminology* 57, 792.

Bruns, HJ (1985) *Das Recht der Strafzumessung*, 2nd edn. (Cologne, Carl Heymanns Verlag).

Cameron, Iain (1998) *An Introduction to the European Convention on Human Rights*, 3rd edn. (Uppsala, Iustus).

Christie, N. (2002) *Crime Control as Industry: Towards Gulags, Western Style*, 3rd edn. (London, Routledge).

Cullen, Francis T. and KE Gilbert (2012) *Reaffirming*

Rehabilitation, 2nd edn. (London, Routledge).

Davis, Michael (1983) 'How to Make the Punishment Fit the Crime' *Ethics* 93, 726.

Dolinko, David (1992) 'Three Mistakes about Retributivism' *University of Chicago Law Review* 39, 1623.

Doob, Anthony (1995) 'The United States Sentencing Commission Guidelines', in C. Clarkson and R. Morgan (eds.), *The Politics of Sentencing Reform* (Oxford, Oxford University Press) Ch. 6.

Duff, RA (1986) *Trials and Punishments* (Cambridge, Cambridge University Press).

—— (2001) *Punishment, Communication, and Community* (New York, Oxford University Press).

—— (2002) 'Punishing the Young', in I. Weijers and RA Duff (eds.), *Punishing Juveniles: Principle and Critique* (Oxford, Hart Publishing) Ch. 6.

Dworkin, Ronald (1977), *Taking Rights Seriously* (Cambridge, Massachusetts, Harvard University Press).

Fängelsestraffkommittén (1986) *Påföljd för Brott* (Stockholm, Stadens Offentlige Utredingar).

Federal Sentencing Guidelines Manual (2011) Washington DC, US Sentencing Commission, available at www. ussc. gov/guidelines-manual/2011/2011-federal-sentencing-guidelines-manual.

Feinberg, Joel (1970) *Doing and Deserving* (Princeton, Princeton University Press).

Feld, Barry (1999) *Bad Kids: Race and the Transformation of the Juvenile Court* (New York, Oxford University Press).

—— (2012) 'Adolescent Criminal Responsibility, Proportionality, and Sentencing Policy' *Law and Inequality* 31, 263.

—— (2013) 'Youth Discount: Old Enough to Do the Crime, Too Young to Do the Time' *Ohio State Journal of Criminal Law* 11, 107.

Feld, Barry C. and DM Bishop (eds.) (2012) *The Oxford Handbook of Juvenile Crime and Juvenile Justice* (New York, Oxford University Press).

Finnis, John (1980) *Natural Law and Natural Rights* (Oxford, Oxford University Press).

Fletcher, George (1978) *Rethinking Criminal Law* (Boston, Little-Brown).

—— (1982) 'The Recidivist Premium' *Criminal Justice Ethics* 1 (2) 54.

Frase, Richard S. (2004) 'Excessive Prison Sentences, Punishment Goals, and the Eighth Amendment: Proportionality Relative to What?' *Minnesota Law Review* 89, 571.

—— (2013) *Just Sentencing: Principles and Procedures for a Workable System* (New York, Oxford University Press).

Friedman, D. and W. Sjöström (1993) 'Hanged for a Sheep-the Economics of Marginal Deterrence' *Journal of Legal Studies* 22, 345.

Frisch, Wolfgang (1998) 'Schwächen und berechtigte Aspekte der Theorie der positiven Generalprävention', in B. Schünemann, A. von Hirsch and N. Jareborg (eds.), *Positive Generalprävention* (Heidelberg, CF Müller).

Gardner, Martin (1976) 'The Renaissance of Retribution: In Examination of "Doing Justice"' *Wisconsin Law Review* 781.

Greenfield, Victoria A. and Letizia Paoli (2013) 'A Framework to Assess the Harms of Crimes' *British Journal of Criminology* 53, 864.

Greenwood, Peter W. (1982) *Selective Incapacitation* (Santa Monica, California, RAND Corporation).

Haist, Matthew (2009) 'Deterrence in a Sea of Just Deserts: Are Utilitarian Goals Achievable in a World of Limiting Retributivism?' *Journal of Criminal Law & Criminology* 99, 789.

Hart, HM Jr. (1958) 'The Aims of the Criminal Law' *Law & Contemporary Problems* 23, 401.

Heckscher, Sten, et al. (eds.) (1980) *Straff och rättfärdighet: Ny nordisk debatt* (Stockolm, Norstedts).

Hill, M., A. Lockyer and F. Stone (eds.) (2007) *Youth Justice and Child Protection* (London, Jessica Kingsley).

Hörnle, Tatjana (1999) *Tatproportionale Strafzumessung* (Berlin, Duncker und Humblot).

Hudson, Barbara (1987) Justice through Punishment: A Critique of the 'Justice' Model of Corrections (London, St Martins).

—— (1998) 'Doing Justice to Difference', in A. Ashworth and M. Wasik (eds.), *Fundamentals of Sentencing Theory: Essays in Honour of Andrew von Hirsch* (Oxford, Oxford University Press) Ch. 9.

Husak, Douglas (2011) 'Retributivism, Propotionality, and the Challenge of the Drug Court Movement', in M. Tonry (ed.), *Retributivism Has a Past; Has it a Future?* (New York, Oxford University Press) Ch. 11.

Husak, Douglas and A. von Hirsch (1993) 'Culpability

and Mistake of Law', in S. Shute, J. Gardner and J. Horder (eds.) *Action and Value in the Criminal Law* (Oxford, Oxford University Press).

Jareborg, Nils (1988) *Essays in Criminal Law* (Uppsala, Iustus).

—— (1992) 'Ideology and Crime: Basic Conceptions of Crime and Their Implications', in R. Lahti and K. Nuotio (eds.), *Criminal Law in Transition: Finnish and Comparative Perspectives* (Helsinki, Finnish Lawyers' Publishing Co.).

—— (1995) 'The Swedish Sentencing Reform', in C. Clarkson and R. Morgan (eds.), *The Politics of Sentencing Reform* (Oxford, Oxford University Press).

Kahan, Dan M. (1996), 'What do Alternative Sanctions Mean?' *University of Chicago Law Review* 63, 591.

Kleinig, John (1973) *Punishment and Desert* (the Hague, Nijhoff).

—— (1991) 'Punishment and Moral Seriousness' *Israel Law Review* 25, 401.

—— (2011) 'What does Wrongdoing Deserve?', in M. Tonry (ed.), *Retributivism Has a Past. Has It a Future?* (New York, Oxford University Press) Ch. 3.

Kolber, Adam J. (2009) 'The Subjective Experience of Punishment' *Columbia Law Review* 109, 182.

Lacey, Nicola (2008) *The Prisoner's Dilemma: Political Economy and Punishment in Contemporary Democracies* (Cambridge, Cambridge University Press).

Lacey, Nicola and H. Pickard (2015) 'The Chimera of Proportionality: Institutionalising Limits on Punishment in Contemporary Social and Political Systems' *Modern Law Review* 78, 216.

Lappi-Seppälä, Tapio (1998) *Regulating the Prison Population: Experiences from a Long-Term Policy in Finland* (Helsinki, National Research Institute of Legal Policy).

—— (2007) 'Penal Policy in Scandinavia', in M. Tonry (ed.), *Crime, Punishment, and Politics in a Comparative Perspective. Crime and Justice* (Chicago, Chicago University Press) Vol. 36.

Laub, JH and RJ Sampson (2001) 'Understanding Desistance from Crime', in M. Tonry (ed.), *Crime and Justice: A Review of Research* (Chicago, Chicago University Press) Vol 28.

Lee, Youngjae (2005) 'The Constitutional Right against Excessive Punishment' *Virginia Law Review* 91, 677.

—— (2010) 'Repeat Offenders and the Question of Desert', in JV Roberts and A. von Hirsch (eds.), *Previous Convictions at Sentencing* (Oxford, Hart Publishing) Ch. 4.

Lippke, Richard L. (2007) *Rethinking Imprisonment* (New York, Oxford University Press).

Lovegrove, Austin (2001) 'Sanctions and Severity: To the Demise of von Hirsch & Wasik's Sanction Hierarchy' *Howard Journal of Criminal Justice* 40, 126.

Marcus, Michael (2007) 'Limiting Retributivism: Revisions to Model Penal Code Sentencing Provisions' *Whittier Law Review* 29, 295.

Martinson, R. (1974) 'What Works? – Questions and Answers about Prison Reform' *Public Interest* 35, 25.

Matravers, Matt (2011) 'Is Twenty-First Century Punishment Post-Desert?', in M. Tonry (ed.), *Retributivism Has a Past: Has It a Future?* (New York, Oxford University Press) Ch. 2.

Moore, Michael (1997) *Placing Blame: A General Theory of Criminal Law* (Oxford, Clarendon Press).

Morris, Herbert (1968) 'Persons and Punishments' *Monist* 52, 475.

Morris, Norval (1976), *Punishment, Desert, and Rehabilitation* (Washington, DC, US Government Printing Office).

—— (1982) *Madness and the Criminal Law* (Chicago, Chicago University Press).

Morris, Norval and M. Tonry (1990) *Between Prison and Probation: Intermediate Punishments in a Rational Sentencing System* (New York, Oxford University Press).

National Academy of Sciences, Panel on Research on Criminal Careers (1986) *Criminal Careers and 'Career Criminals'* (edited by A. Blumstein, J. Cohen, J. Roth and C. Visher) (Washington DC, National Academies of Sciences Press) Vol. 1.

National Council of Crime and Delinquency (1963) Council of Judges 'Model Sentencing Act' *Crime and Delinquency* 9, 337.

Narayan, Uma (1993) 'Adequate Responses and Preventive Benefits: Justifying Censure and Hard Treatment in Legal Punishment' *Oxford Journal of Legal Studies* 13, 166.

Padfield, N. (2011) 'Time to Bury the Custody "Threshold"?' *Criminal Law Review* 8, 593.

Perez, MB and R. Argueta (2014) 'Selective Incapacitation', in J. Albanese (ed.), *The Encyclopedia of Criminology and Criminal Justice* (New Jersey, Wiley).

Petersilia, J., P. Greenwood and M. Lavin (1977) *Criminal Careers of Habitual Felons* (Santa Monica, California, RAND Corporation).

Piquero, Alex R., DP Farrington and A. Blumstein (2003), 'The Criminal Career Paradigm', in M. Tonry (ed.). *Crime and Justice: A Review of Research* (Chicago, Chicago University Press) Vol. 30, 359.

Reiman, Jeffrey and S. Headlee (1981) 'Marxism and Criminal Justice Policy' *Crime & Delinquency* 27, 24.

Reitz, Kevin R. (2006) 'Don't Blame Determinacy: US Incarceration Growth Has Been Driven by Other Forces' *Texas Law Review* 84, 1787.

Rex, Sue (2013) *Reforming Community Penalties* (London, Routledge).

Rich, Michael L. (2013) 'Limits on the Perfect Preventive State' *Connecticut Law Review* 46, 883.

Roberts, Julian V. (2010), 'First Offender Sentencing Discounts: Exploring the Justifications', in JV Roberts and A. von Hirsch (eds.), *Previous Convictions at Sentencing* (Oxford, Hart Publishing) Ch. 2.

Roberts, Julian V. and O. Gazal-Ayal (2013) 'Statutory Sentencing Reform in Israel: Exploring the Sentencing Law of 2012' *Israel Law Review* 46, 455.

Robinson, Paul H. (1987) 'Hybrid Principles for the Distribution of Criminal Sanctions' *Northwestern Law Review*

155

82, 19.

Robinson, Paul H. and R. Kurzban (2006) 'Concordance and Conflict in Intuitions of Justice' *Minnesota Law Review* 91, 1829.

Roebuck, Greg and D. Wood (2011) 'A Retributive Argument against Punishment' *Criminal Law & Philosophy* 5, 73.

Roxin, Claus (1979) 'Zur jüngsten Diskussion über Schuld, Prävention und Verantwortlichkeit im Strafrecht', in A. Kaufmann, et al. (eds.), *Festschrift für Paul Bockelmann* (München, CH Beck).

—— (2014) 'Prevention, Censure and Responsibility: The Recent Debate on the Purposes of Punishment', in AP Simester, A. Du Bois-Pedain and U. Neumann (eds.), *Liberal Criminal Theory: Essays for Andreas von Hirsch* (Oxford, Hart Publishing) Ch. 2.

Ryberg, Jesper (2007) *The Ethics of Proportionate Punishment: A Critical Investigation* (Dordrecht, Kluwer Academic Publishers).

Schumann, Karl F. (1998) 'Empirische Beweisbarkeit der Grundannahmen von positiver Generalprävention', in B. Schünemann, A. von Hirsch and N. Jareborg (eds.), *Positive Generalprävention* (Heidelberg, CF Müller).

Schünemann, Bernd, A. von Hirsch and N. Jareborg (1998) *Positive Generalprävention: Kritische Perspektiven in deutschenglischem Dialog* (Heidelberg, CF Müller).

Scott, Elizabeth S. and L. Steinberg (2002) 'Blaming Youth' *Texas Law Review* 81, 799.

Sebba, Leslie and G. Nathan (1984), 'Further Exploration of the Scaling of Penalties' *British Journal of Criminology* 24, 221.

Sellin, Thorsten and M. Wolfgang (1964) *The Measurement of Delinquency* (New York, John Wiley).

Sen, Amartya (1987) *The Standard of Living* (Cambridge, Cambridge University Press).

—— (2009) *The Idea of Justice* (Cambridge, Massachusetts, Harvard University Press).

Sentencing Guidelines Council (England and Wales) (2004) *Overarching Principles: Seriousness* (London, Sentencing Guidelines Council).

—— (2009). *Overarching Principles—Sentencing Youths* (London, Sentencing Guidelines Council).

Simester, AP and A. von Hirsch (2011) *Crimes, Harms, and Wrongs. On the Principles of Criminalisation* (Oxford, Hart Publishing).

Slobogin, C. (2011) 'Prevention as the Primary Goal of Sentencing: The Modern Case for Interdeterminate Dispositions in Criminal Cases' *San Diego Law Review* 48, 1127.

Staihar, Jim (2015) 'Proportionality and Punishment' *Iowa Law Review* 100, 1209 – 32.

Steiker, C. (2013) 'Proportionality as a Limit on Preventive Justice: Promises and Pitfalls', in A. Ashworth, L. Zedner and P. Toulmin (eds.), *Prevention and the Limits of the Criminal Law* (Oxford, Oxford University Press).

Stigler, George (1970) 'The Optimum Enforcement of Laws' *Journal of Political Economy* 78, 526.

Strawson, Peter (1974) *Freedom and Resentment and Other Essays* (London, Methuen) Ch. 1.

Streng, Franz (2012) *Strafrechtliche Sanktionen: Die Straf-*

156

zumessung und ihre Grundlagen, 3rd edn. (Stuttgart, Kohlhammer).

Stylianou, Stelios (2003) 'Measuring Crime Seriousness Perceptions: What Have We Learned and What else do We Want to Know' *Journal of Criminal Justice* 31, 37.

Tonry, Michael (2004). *Punishment and Politics: Evidence and Emulation in the Making of English Crime Control Policy* (Cullompton, Willan Publishing).

UK Government White Paper (1990) *Crime, Justice and Protecting the Public* (London, HMSO).

US Sentencing Commission (1987) *Federal Sentencing Guidelines Manual* (Washington DC, US Sentencing Commission).

van den Haag (1987) 'Punishment: Desert and Control' *Michigan Law Review* 85, 1250.

von Hirsch, A. (1972) 'Prediction of Criminal Conduct and Preventive Confinement of Convicted Persons' *Buffalo Law Review* 21, 717.

—— (1976) *Doing Justice: The Choice of Punishments* [New York, Hill and Wang; Reprinted 1986 (Boston, Northeastern University Press)].

—— (1981) 'Desert and Previous Convictions in Sentencing' *Minnesota Law Review* 65, 591.

—— (1983) 'Neoclassicism, Proportionality, and the Rationale for Punishment: Thoughts on the Scandinavian Debate' *Crime & Delinquency* 29, 52.

—— (1983) 'Recent Trends in American Criminal Sentencing Theory' *Maryland Law Review* 42, 6.

—— (1985) *Past or Future Crimes: Deservedness and Dangerousness in the Sentencing of Criminals* [New Brunswick, New Jersey, Rutgers University Press; United Kingdom edn. 1986 (Manchester, Manchester University Press)].

—— (1987) 'Sentencing by Numbers or Words?', in M. Wasik and K. Pease (eds.), *Sentencing Reform: Guidance or Guidelines?* (Manchester, Manchester University Press).

—— (1989) 'Federal Sentencing Guidelines: Do They Provide Principled Guidance?' *American Criminal Law Review* 27, 367.

—— (1991) 'Criminal Record Rides Again' *Criminal Justice Ethics* 10, 2.

—— (1993) *Censure and Sanctions* (Oxford, Oxford University Press).

—— (1995) 'Proportionality and Parsimony in American Sentencing Guidelines: The Minnesota and Oregon Standards', in CMV Clarkson and R. Morgan (eds.), *The Politics of Sentencing Reform* (Oxford, Oxford University Press) 149, Ch. 6.

—— (2001) *Proportionalitet och Straffbestämning* (Uppsala, Iustus Förlag).

—— (2001) 'Proportionate Sentencing for Juveniles: How Different than for Adults?' *Punishment & Society* 3, 221.

—— (2010) 'Proportionality and the Progressive Loss of Mitigation: Some Further Reflections', in A. von Hirsch and JV Roberts (eds.), *Previous Convictions at Sentencing: Theoretical and Applied Perspectives* (Oxford, Hart Publishing) Ch. 1.

157

—— (2014) 'Harm and Wrongdoing in Criminalisation Theory' *Criminal Law & Philosophy* 8, 245.

von Hirsch, A. and A. Ashworth (2005) *Proportionate Sentencing: Exploring the Principles* (Oxford, Oxford University Press).

von Hirsch, A., A. Ashworth, and JV Roberts (eds.) (2009) *Principled Sentencing: Readings in Theory and Policy*, 3rd edn. (Oxford, Hart Publishing).

von Hirsch, A., A. Bottoms, et al. (1999) *Criminal Deterrence and Sentence Severity: An Analysis of Recent Research* (Oxford, Hart Publishing).

von Hirsch, A. and N. Jareborg (1987), 'Straff och Proportionalitet' *Nordisk Tidsskrift for Kiminalvidenskab* 74, 56.

—— and —— (1989) 'Straff och Proportionalitet-Replik' *Nordisk Tidsskrift for Kiminalvidenskab* 76, 56.

—— and —— (1991) 'Gauging Criminal Harm: A Living-Standard Analysis' *Oxford Journal of Legal Studies* 11, 1.

von Hirsch, A. and L. Kazemian (2009) 'Predictive Sentencing and Selective Incapacitation', in A. von Hirsch, A. Ashworth and JV Roberts (eds.) *Principled Sentencing: Readings in Theory and Policy* (Oxford, Hart Publishing) Ch. 3.

von Hirsch, A., K. Knapp and M. Tonry (1987) *The Sentencing Commission and Its Guidelines* (Boston, Northeastern University Press).

Walker, Nigel (1991) *Why Punish?* (Oxford, Oxford University Press).

Ward, Tony and S. Maruna (2007) *Rehabilitation* (London, Routledge).

Wasik, Martin (1987) 'Guidelines, Guidance and Criminal Record', in M. Wasik and K. Pease (eds.), *Sentencing Reform: Guidance or Guidelines?* (Manchester, Manchester University Press) Ch. 7.

Wasik, M. and K. Pease (eds.)(1987) *Sentencing Reform: Guidance or Guidelines?* (Manchester, Manchester University Press).

Wasik, M. and A. von Hirsch (1988) 'Non-Custodial Penalties and the Principles of Desert' *Criminal Law Review* 555.

Wasserstrom, Richard (1980) *Philosophy and Social Issues: Five Studies* (Notre Dame, Indiana, University of Notre Dame Press).

Webster, Cheryl M. and AN Doob (2012) 'Searching for Sasquatch: Deterrence of Crime through Sentence Severity', in J. Petersilia and KR Reitz (eds.), *The Oxford Handbook of Sentencing and Corrections* (New York, Oxford University Press).

Weijers, Ido and RA Duff (eds.)(2002) *Punishing Juveniles: Principle and Critique* (Oxford, Hart Publishing).

White, Mark (ed.) (2011) *Retributivism: Essays on Theory and Policy* (New York, Oxford University Press).

Williams, Bernard (1973) 'A Critique of Utilitarianism', in JJC Smart and B. Williams (eds.), *Utilitarianism: For and Against* (Cambridge, Cambridge University Press).

Wilson, James Q. (1983) *Thinking about Crime*, revised edn. (New York, Basic Books).

Windlesham, David (1996). *Responses to Crime* (New York: Oxford University Press) Vol. 3.

158

Zedner, Lucia (1998) 'Sentencing Young Offenders', in A. Ashworth and M. Wasik (eds.), *Fundamentals of Sentencing Theory: Essays in Honour of Andrew von Hirsch* (Oxford, Oxford University Press) Ch. 7.

Zimring, Franklin E. (1982) *The Changing Legal World of Adolescence* (New York, Free Press).

—— (1999) 'Toward a Jurisprudence of Youth Violence', in M. Tonry and M. Moore (eds.), *Youth Violence. Criminal Justice: A Review of Research* (Chicago, Chicago University Press) Vol. 24.

Zimring, Franklin E. and G. Hawkins (1995) *Incapacitation: Penal Confinement and the Restraint of Crime* (Oxford, Oxford University Press).

Zimring, Franklin E., G. Hawkins and S. Kamin (2001) *Punishment and Democracy: Three Strikes and You're Out in California* (New York, Oxford University Press).

159

主题索引 *

actor responsibility 行为人责任 33 - 34，35

  see also moral agency **另见**道德能动性

American Friends Service Committee 美国之友服务委员会 2

analytical moral philosophy 分析道德哲学 1 - 2

anchoring of penalty structure 刑罚结构的锚定 22 - 23，60 - 62

  guidance 指导 62

  hypothetical scale 假想尺度 60 - 61

  moral claims 道德抗辩 61 - 62

  see also cardinal proportionality; ordinal proportionality **另见**基的

比例性；序的比例性

Andenacs，J. 约翰尼斯·安德聂斯 47，50

Ashworth，A. 安德鲁·阿什沃思 13，43，61，124

Beccaria，C. 切萨雷·贝卡里亚 46

Bentham，J. 杰里米·边沁 46，109

bifurcated account see under punishment 二元论 **参见** 刑罚 之下

blameworthy conduct 可谴责行为 31 - 32

Bottoms，AE 安东尼·博顿斯 90，101 - 102，103

---

* 索引中的页码均为边码。——译者注

breach sanction *see under* proportionate non-custodial sanctions 违反制裁 **参见**比例性非监禁制裁之下

Brownsword，R. 罗杰·布朗斯沃德 101 - 102，103

cardinal proportionality 基的比例性

anchoring *see* anchoring of penalty structure 锚定 **参见**刑罚结构的锚定

comparative blameworthiness 相对的可谴责性 60

imprecision of judgments 判断的不精确性 59

ordinal proportionality, distinction 序的比例性，区别 56，60

starting point 起点 59 - 60

see also ordinal proportionality **另见**序的比例性

career-based system *see under* previous convictions 犯罪生涯该当的体系 **参见** 前科之下

censure 谴责

argument *see under* proportionate punishment's rationale and penal desert 论述 **参见**比例刑的基本原理

and Penal desert 以及刑罚该当性之下 17 - 20

communicative features 传达性特征 17

criminal sanction 刑事制裁 17 - 18

functions of censure 谴责功能 18

hard treatment 严厉处遇 19 - 20，36 - 39

role of proportionality 比例性的作用 19

role in punishment 刑罚中的作用 32 - 5

chronology of model （该当）模式的年表 143 **附录**

cognitive factors *see under* juvenile sentences 认识要素 **参见**青少年量刑之下

crime-control aims 犯罪控制目的 25 - 27

collateral benefits 附属性利益 26 - 27

modified desert model 修正的该当模式 26

ulterior aims 隐秘不明的目的 25 - 26

criminal sanctions rationales 刑事制裁的基本原理

bifurcated account *see under* punishment 二元论 **参见**刑罚之下

blameworthy conduct 可谴责性行为 31 - 32

censure's role in punishment 刑罚中的谴责功能 32 - 35

hard treatment *see* hard treatment 严厉处遇 **参见**严厉处遇

theories *see* desert theories, varieties of 理论 **参见**该当性理论；

各种的

culpability 可谴责性 23

defiance argument *see under* previous convictions 蔑视论 **参见** 前科 **之下**

deontological claims 义务论 41

derogation from proportionality 比例性的偏离 97

desert model 该当模式

ethical presuppositions 伦理预设 11 - 12

evolution/chronology 演进/年表 143/**附录**

161 meaning/main elements 意义/主要要素 1

modifications *see* mixed models origins 修正 **参见** 混合模式起源 1 - 4

prevention *see* prevention-based sentencing 预防 **参见** 基于预防的量刑

proportionate sentence, attractions 比例性量刑，吸引力 7 - 8

topics addressed 讨论的主题 13 - 16

desert theories, varieties of 该当性理论，各种 29 - 31

broadest penal theory 最宽泛的刑罚理论 29

ordinary parlance 序的说法 29

requital for evil theory 恶之回报论 29 - 30

unfair advantage theory 不当好处论 30 - 31

Doing Justice：The Choice of Punishments（von Hirsch） 实践正义：刑罚的选择（冯·赫希）2，143

Duff，A. 安东尼·杜夫 42 - 43

Dworkin，R. 罗纳德·德沃金 99 - 100，101*n*

England 英格兰

Criminal Justice Act 1991 1991 年《刑事司法法》119

juvenile sentences 青少年量刑 127

proportionalism experience 比例主义经验 3，118 - 119

Sentencing Guidelines Council 〔英格兰〕量刑指导委员会 3*n*，16*n*，127

ethical presuppositions 伦理预设 11 - 12

evolution/chronology of model 模式的演进/年表 143 **附录**

excuse doctrines 宽恕事由原理 64

fairness 公正性 4，7，12

proportionality 比例性 21

Feld，B. 巴里·费尔德 128

Finland 芬兰

proportionalism experience 比例主义经验 6 - 7，117，118

underlying social ills 潜在的社会弊病 123

Gardner，M. 马丁·加德纳 124

Germany，juvenile sentences 德国，青少年量刑 127

guidance/guidelines for 指导/对……的指导

  sentencing 量刑 15‐16

  seriousness comparison 严重性比较 63

hard treatment 严厉处遇

  censure 谴责 36

  and penal desert 与刑罚该当性 19‐20，36‐39

  preventative process 预防性程序 36‐37

  prudential disincentive 审慎的遏制因素 37‐38

  see also criminal sanction rationales 另见刑事制裁的基本原理

Howard，Michael 迈克尔·霍华德 119，120

human nature 人之本质 38

hybrid models *see* mixed models 混合模式 另见混合型模式

incapacitation，selective 隔离，选择的 10

intentional conduct/negligence distinction 故意行为/过失区别 64

Israel，proportionalism experience 以色列，比例主义经验 3，118

Jareborg，N. 尼尔斯·亚雷柏格 64，65，73

justice，primacy of 正义，首要地位 12

juvenile sentences 青少年量刑

  cognitive factors 认知性因素 130‐133

    age-based gradations 基于年龄的等级排序 132‐133

    awareness of others'interests 认识到他人的利益 130‐131

    descriptive approach 描述性方法 132

    normative expectations 规范期待 131‐132

  culpability arguments 可谴责性论述 129

  European approaches 欧洲的方案 127

  individual assessment 个体评价 134‐135

  key issues/conclusion 关键问题/结论 15，128‐129，141

  punitive bite 刑罚痛苦性 135‐137

    developmental interests 发展性利益 136

    interests-analysis 利益分析 136‐137

    self-esteem capacity 自我肯定的能力 136‐137

    subjectivist view 主观主义视角 135‐136

special tolerance 特殊容忍
137 - 141

availability 可得性 141

bad choices risk 坏的选择的风险 140 - 141

consequentialist concerns 结果主义的关切 139

cutting losses response 减少损失性回应 138 - 139

experimentation process 试验性程序 138

first-offender discount 初犯减免 76 - 77，140

key issues 关键问题 137 -138

retrospective criteria 回溯性标准 139 - 140

temporary nature 暂时性本质 141

volitional controls 意志控制 133 - 134

youth discount 青少年减免 134

Kahan，D. 丹·卡亨 140

Kant，I. 伊曼努尔·康德 38，41

Kleinig，J. 约翰·克莱里希 2

Lacey，N. 妮科拉·莱西 125

law and order strategies 法律与秩序策略 110，118 - 121

aim 目标 120 - 121

as communicative punishment 作为传达性刑罚 121

populist punitiveness 民粹主义的刑罚 120

proliferation 激增 118 - 119

Lee，Y. 李英杰 85

limiting retributivism 限制报应主义 55 - 56，103 - 104

living standard 生活标准

concept 概念 24，64 - 67

levels 水准 66

punishment severity 刑罚的严厉性 69，125 - 126

Minnesota guidelines 明尼苏达指南 90，116

see also US Sentencing Commission，Guidelines 另见美国量刑委员会，指南

mixed models 混合模式

alternative penalties 替代性刑罚 97

Bottoms-Brownsword model 博顿斯-布朗斯沃德模式 101 - 102，103

conclusions 结论 105 - 106

derogation from proportionality 比例性的偏离 97

individual dangerousness standard 个体危险性标准 101 - 102

limiting retributivism 限制报应主义 55 - 56，103 - 104

modified desert model 修正的该当模式

non-custodial penalties scaling 非监禁刑尺度 105

restricted deviations 受限制的偏离 104

specified limits 限制的具体化 104 - 105

ulterior ends identified 隐秘不明的目的之识别 105，106

other desired ends 其他可欲的目的 97

ranges of punishment 刑罚的范围 103 - 105

Robinson's model 鲁滨逊模式 98 - 101，103

absolute/important constraint, distinction 绝对/重要限制，区别 100 - 101

fairness constraints 公正性限制 100

harm prevention 损害预防 101

overriding grounds 推翻的理由 99 - 100

quarantine parallel 检疫隔离对比 98 - 99

upward deviations 向上的偏离 98

tentativeness 试验性的 98

see also desert model 另见该当模式

moral accountability 道德性归责能力 33

moral agency 道德能动性 12，38 - 39，109

see also actor responsibility 另见行为人责任

Morris，N. 诺瓦尔·莫里斯 55 - 56，57，58，62，103，104

non-custodial sanctions see proportionate non-custodial sanctions 非监禁制裁 参见比例性非监禁制裁

Nordic countries 北欧国家

experience 经验 116 - 118

writings 文献 108

ordinal proportionality 序的比例性 162

anchoring see anchoring of penalty structure 锚定 参见刑罚结构的锚定

and broad limits 与宽泛限制 57

cardinal proportionality, distinction 基的比例性，区别 56，60

concept/requirements 概念/要求 56 - 57

crime prevention concerns 犯罪预防关切 58 - 59

meaning 意义 13，22 - 23

parity see parity requirement 平等性 参见平等性要求

rank-ordering 等级排序 58

see also cardinal proportionality **另见基的比例性**

Oregon 俄勒冈 90n，118

parity requirement 平等性要求

ordinal proportionality 序的比例性 58

substitutions among penalties 刑罚的易科 89 - 90

penal utilitarianism 刑罚功利主义 35，111 - 115

deterrence argument 遏制论 46 - 7，112 - 113

harshness/moderation possibilities 严厉/温和可能性 111

indeterminacy risk 不确定性风险 111

intermediate sanctions 中间制裁措施 115

preventative efficacy 预防的效率 112 - 113

rehabilitation 恢复 112，113 - 115

selective incapacitation 选择性隔离 113

penalties 刑罚

anchoring see anchoring of penalty structure 锚定 **参见刑罚结构的锚定**

substitution see under proportionate non-custodial sanctions 易科 **参见比例性非监禁制裁之下**

penance model 赎罪模式 42 - 43

Pickard，H. 汉娜·皮卡德 125

political arguments 政治论

conservative penal theorists 保守刑罚论者 110 - 111

desert model responses 该当模式的反应 108 - 109

key issues 关键问题 15，107

law and order see law and order strategies 法律与秩序 **参见法律与秩序策略**

neo-classicist label 新古典主义标签 109

Nordic writings 北欧的文献 108

proportionalism and increased severity，argument 比例主义与严厉性提升，论述 115 - 118

retributivism considered reactionary 报应主义考量上的反应 107

utilitarianism see penal utilitarianism 功利主义 **参见功利主义**

vacuousness argument 空心论 125 - 126

positive general prevention 积极的一般预防 34 - 35

preventative efficacy see under penal

utilitarianism 预防的效率 **参见**刑罚功利主义之下

prevention-based sentencing 基于预防的量刑 8 - 11

  fairness deficit 公正性瑕疵 11

  general deterrence 一般预防 9 - 10

  marginal effects 边际效应 9，10

  rehabilitation 恢复 9

  selective incapacitation 选择性隔离 10

  severity effects 严厉性效果 10

previous convictions 前科

  activity diminishing with age 随着年龄的（犯罪）活动减少 81 - 82

  career-based system 基于（犯罪）生涯的制度 74 - 75

  criminal/non-criminal-regulation, comparison 刑事/非刑事规则，比较 80 - 81

  current conduct arguments 当前行为的论述 73

  defiance argument 蔑视论 73

  desert rationales 该当性的基本原理 72

  desistance issue 放弃的问题 79 - 80

  ignorance/inattention argument 忽视/疏忽论 73 - 74

  key issues/conclusion 关键问题/结论 14，72，85

  multiple offending 多次犯罪 79 - 80

  number of 许多的 84

  opinions' divergence 意见分歧 85

  prediction studies 预测性研究 71 - 72

  progressive-loss-of-mitigation model 渐失性减轻模式 72，79，82 - 83，85

  selective entry criteria 选择性准入标准 80

  seriousness of ……的严重性 84

  tolerance see tolerance and prior record 容忍 **参见**容忍与先前的记录

  weight question 权重的问题 71

progressive-loss-of-mitigation model 渐失性减轻模式 72，79，82 - 83，85

proportionality of sentence 量刑的比例性

  attractions 吸引力 7 - 8

  censure see censure, and penal desert 谴责 **参见**谴责，及刑罚该当性

  crime-control see crime-control aims 犯罪控制 **参见**犯罪控制目的

  culpability 可谴责性 23

    increased severity argument 严

厉性提升论 115-118

limiting/determining principle,
distinction 限制性/决定性原
则，区别 21-23

living-standard idea 生活标准观
念 24

ordinal proportionality 序的比例
性 22-23

penal severity question 刑罚严厉
性问题 27

previous convictions 前科 24-25

rationale 基本原理 20-21

retrospective principle 回溯性原
则 21

seriousness of crime and severity
of punishment 犯罪的严重性与
刑罚的严厉性 23-24

proportionate non-custodial sanctions
比例性非监禁刑制裁

advantages 优点 88-89

background 背景 87

breach sanction 违反制裁 93-95

components of breach 违反的
构成要素 94

incarceration reliance 对隔离
的信赖 93

modest penalty increase 刑罚
的温和提升 94-95

reoffending sanctions 再犯的

制裁 95

imprisonment restriction 对监禁
的限制 88

intermediate sanctions，restrictions
对中间制裁措施的，限制 88

key elements/conclusion 关键要
素/结论 14，87-88，94-95

revocation sanction 取消制裁 88

scale of punishments，simplicity
刑罚的尺度，简化 88

substitutions among penalties 刑
罚的易科 88，89-93

approximate equivalence 大致
的等值性 89

crime prevention concerns 犯
罪预防关切 89-90

degrees of substitutability 易
科的程度 91-92

full-substitution 完全易科 92

hard/sharp demarcation 坚硬/
尖锐 区别 90-91

limited substitutability 受限的
易科性 92-93

numerical sentencing guidelines
数字量刑指南 90

parity see parity requirement
平等性 参见平等性要求

proportionate punishment's rationale
比例性刑罚的基本原理

163

background 背景 13，45

censure argument 谴责论

  basic argument 基本论述 49 - 50

  circularity question 循环论证问题 50

  and preventative grounds 与预防性根据 52 - 54

  schematic steps 示意性步骤 51

deterrence argument 遏制论 46 - 47

ethical principle 伦理原则 48

positive general prevention 积极的一般预防 47 - 48

preventative grounds 预防性根据 52 - 54

prudential disincentive 审慎性的遏制因素 40，53

punishment 刑罚

  bifurcated account 二元论 37 - 38

    hypothetical abolition 假想取消 42

    penance model 赎罪模式 42 - 43

    prevention and censure 预防与谴责 40 - 41，52 - 54

    proportionality requirement 比例性要求 39

    relative/absolutist dichotomy 相对/绝对两分法 41

    state's role 国家的作用 41 - 42，43

    blameworthy conduct 可谴责性行为 31 - 32

    censure's role 谴责功能 32 - 35

    hard treatment see hard treatment 严厉处遇 参见严厉处遇

    penance model 赎罪模式 42 - 43

    severity see under seriousness gauging 严厉性 参见严厉性评价之下

Punishment and Desert (Kleinig) 刑罚与该当（克莱里希） 2

punishment severity see severity of punishments 刑罚严厉性 参见刑罚的严厉性

punitive bite see under juvenile sentences 刑罚痛苦性 参见青少年量刑之下

rank-ordering see under ordinal proportionality 等级序列 参见序的比例性之下

rehabilitation 恢复 9

  penal utilitarianism 刑罚功利主义 112，113 - 115

  prevention-based sentencing 基于预防的量刑 9

  and tolerance and prior record 与容忍及前科 78 - 79

requital for evil theory 恶之回报论
29 – 30

retributive notions 报应观念

limiting retributivism 限制报应主
义 55 – 56

objections to 对······的异议 4

Roberts，JV 朱利安·V. 罗伯
茨 85

Robinson's model *see under* mixed
models 鲁滨逊模式 **参见**混合
模式之下

rule of law 法治 12

sanction severity *see* severity of
punishments 制裁的严厉性
参见刑罚的严厉性

Scotland，juvenile sentences 苏格
兰，青少年量刑 127

selective incapacitation 选择性隔
离 10

self-control *see* juvenile sentences，
volitional controls

自我控制 **参见**青少年量刑，意志
控制

Sen，A. 阿马蒂亚·森 64 – 65，
125 – 126

Sentencing Guidelines Council
(England) 量刑指导委员会（英
格兰）3*n*，16*n*，127

seriousness gauging 严重性评价
14，63 – 67，125 – 126

consensus 共识 63

criteria 标准 64

guidelines *see* guidance/guidelines
for sentencing 指导 **参见**指导/
量刑的指导

guidelines commissions 指导委员
会 63

harm analysis 损害分析 64 – 67

severity of punishments 刑罚的严
厉性

assessment ability 评价能力 67

interests-analysis 利益分析 68 – 69

opinion surveys 民意调查 67 – 68

subjectivist approach 主观主义方
法 68

severity of punishments *see under*
seriousness gauging 刑罚的严厉
性 **参见严重性评价之下**

special tolerance *see under* juvenile
sentences 特别容忍 **参见**青少
年量刑之下

Spielraumtheorie 裁量空间理论 103

standard of living *see* living-standard
生活标准 **参见生活标准**

state responsibility 国家的责任 12

Straw，Jack 杰克·斯特劳 119，120

Strawson，PF 彼得·弗雷德里克·

斯特劳森 33

164 Struggle for Justice (American Friends Service Committee) 为正义而斗争（美国之友委员会）2

substitutions among penalties 刑罚的易科

see under proportionate non-custodial sanctions 参见比例性非监禁刑制裁之下

Sweden 瑞典

juvenile sentences 青少年量刑 127

reoffending treatment 再犯处遇 and desistance 与放弃（犯罪）83

middle range of seriousness 中等范围的严重性 82-83

penal interventions，limited reliance 刑罚的干预，受限制的依赖 83

proportionalism experience 比例主义的经验 82-83，117，118

sentencing scheme 量刑方案

Finnish law influence 芬兰法的影响 6-7

limited substitutability 受限制的易科性 92-93

reform provisions 改革条款 5-6

treatment-based sentences 基于处遇的量刑 4-5

underlying social ills 潜在的社会弊病 123

Swedish Penal Code 瑞典刑法典 5，6，7

talionic notions 同态复仇观念 4，8，108

third party desistance 第三方的放弃（犯罪）34

tolerance and prior record 容忍与前科 75-79

and career-desert perspective 与基于（犯罪）生涯的论述 78

first-offender discount 初犯减免 76-77，140

human fallibility 人之易犯错性 75-76

lapse notion 失误的观念 76

and rehabilitation 与恢复 78-79

repetitions of offences 重复犯罪 77

underlying social ills 潜在的社会弊病 122-125

conservative utilitarian theories 保守的功利主义理论 122

continuing presence of crime 犯罪的持续存在 122-123

disadvantaged offenders 得到不利后果的犯罪人 123-124

as extenuating circumstances 作为延长的情节 124

poverty-based mitigation 基于贫穷的减轻 125

United Kingdom *see* England 联合王国 **参见英格兰**

US Sentencing Commission，*Guidelines* 美国量刑委员会，**指南** 115 - 116

see also Minnesota guidelines **另见明尼苏达指南**

utilitarianism *see* penal utilitarianism 功利主义 **参见刑罚功利主义**

vacuousness argument 空心论 125 - 126

Van den Haag，E. 欧内斯特·凡·登·哈格 110

victimizing offences 加害型犯罪 65 - 66

volitional controls *see under* juvenile sentences 意志控制 **参见青少年量刑之下**

Wasik-von Hirsch model 瓦希克-冯·赫希模式

see proportionate non-custodial sanctions **参见比例性非监禁刑制裁**

Wasserstrom，R. 理查德·沃瑟斯多姆 31

wellbeing concept 幸福的观念 64 -65

Wilson，JQ 詹姆斯·Q. 威尔逊 110

youth discount *see under* juvenile sentences 青少年减免 **参见青少年量刑之下**

Zimring，FE 富兰克林·齐姆林 *165* 128，138，141

译后记

在学术影响力上，能够跨越两大法系的刑法学者，安德烈亚斯·冯·赫希（Andreas von Hirsch，其著作通常署名 Andrew von Hirsch）教授一定是最重要的一位。不仅因其身世履历：冯·赫希教授于 1934 年出生于瑞士苏黎世，于 1940 年即随父母移居美国，在哈佛大学取得文学和法学学位后，先后执教于美国罗格斯大学（1975—1996 年）、英国剑桥大学（1996—2008 年）、德国法兰克福大学（2008—　）。还因其学术思想对多个法域的理论研究与司法实践产生的实质性影响：在 1970 年代初即担任美国监禁刑研究委员会的执行主席，在由他主导起草的委员会报告中，对于以《模范刑法典》为代表，在美国盛行多年、强调恢复需要和个别预防的量刑理念予以否定，主张该当性应当成为量刑的首要根据，重新正视量刑的报应目的和正义面项。他还担任了美国明尼苏达、俄勒冈、华盛顿以及加拿大的量刑指导委员会顾问，其该当量刑模式的主张，对这些法域的量刑观念和实践，留下了深刻烙印。

该当量刑模式在 1970 年代被首次提出，在此后的四十年里，冯·赫希教授持续其相关研究和写作，且陆续得到英美、德国、瑞典、芬兰、澳大利亚、以色列等国的诸多同行的呼应。最晚从 1990 年代起，在西方国家的刑事法领域出现了"刑罚绝对理论的复兴"②。

但是，冯·赫希教授并非传统的报应刑论者，他认为刑罚是恶之回报的观点，会忽略国家在刑罚中的角色和地位。他的学术研究，植根于英美的分析道德哲学③，主张从道德和正义的立场，对刑罚理论、量刑理论进行批判分析。他反对纯粹工具化的思考，认为刑罚是国家因犯罪行为而对行为人传达的谴责。这既可以合理解释国家在刑罚中的存在必要性，也表明了刑罚实体自身的存在必要性：刑罚之所以存在，并非要预防犯罪（那只是可能

---

② Schünemann，*FS Lüderssen*，S. 327. 米夏埃尔·帕夫利克. 人格体 主体 公民——刑罚的合法性研究. 谭淦，泽. 北京：中国人民大学出版社，2011：35.

③ 比如，在西方哲学中，该当性（Desert）就被认为是指一个人根据其本人的一定事实，比如行为、性格或状态，而应该得到或值得得到的东西。德性之人应当按其德性的大小而得到相应的幸福，恶性之人应当按其行为的恶性程度而受到相应的惩罚。该当性的观念，与公平和正义联系在一起，但与平等主义（egalitarian）和功利主义相抵触。对该当性的合法主张，并不总是导致他人必须保证主张者可以得到他该当的。但是，一个人接受了该当性的观念，就很可能会认为，该当性是道德的本质。一个人也可能会认为，一种公正的政治制度，应当根据该当性来分配赏罚，从而促进正义的该当（just desert）之规定。在此基础上，在决定我们应当如何对等他人时，该当性是一个重要因素，尤其是在没有明确的道德原则或规范给我们指引的场合。在当代政治哲学中，功绩主义（meritarianism）是倡导要重视该当性的重要性的观点。"将该当性归因于一个人，即是说，如果由于他的某种行为或努力，或他引起的某种结果，而得到了某种东西（利益，或不利益），那都会是一件好事。"〔巴里（Barry），《政治性论述》（*Political Argument*），1965，p. 106.〕. Nicholas Bunnin and Jiyuan Yu，*The Blackwell Dictionary of Western Philosophy*，Blackwell Publishing，2004，p. 175.

的附带性效果），而是要在承认人的道德能动性的基础上，传达出是因犯罪行为而对行为人进行谴责，以彰显公正。此种传达是通过刑罚而非其他形式来实现，是因为刑罚中包含的"严厉处遇"，给了犯罪人以放弃犯罪的第二理由：审慎性理由（第一理由是规范性理由）。作为审慎性理由的刑罚，不能过分严厉，否则就会沦为遏制性刑罚。后者正是对人之道德能动性的否定。安德烈亚斯·冯·赫希教授由此回答了刑法学者必将面对的宿命问题："为什么是国家？""为什么是刑罚？"④。

冯·赫希教授认为，一个社会对刑罚严厉性的共识，即是那要为刑罚结构之整体严厉等级定锚的"基"的维度，在此前提下，根据犯罪之严重性（行为的损害与行为人的可谴责性），按照比例原则（"序"的比例性），最终确定刑罚之严厉性。对于犯罪的严重性及刑罚的严厉性的衡量，冯·赫希采用了哈佛大学社会学家阿马蒂亚·森教授提出的"生活标准"。在主张该当量刑模式的学者中间，冯·赫希教授提出在特定情况下，允许根据其他理由（如预防），对刑罚的序的比例性进行一定程度的偏离。他称此为"修正的该当模式"，对此的证立，根据的是法理学家德沃金教授的"权利模型"。

冯·赫希教授的研究进路，对很多学者产生了影响。从 2006 年开始我在译维克托·塔德洛斯教授的《刑事责任论》⑤ 一书时就发现，塔德洛斯教授对刑事责任理论结构的论证，也是从道德能动性、道德行动者及刑罚的传达功能（expressive function of punishment）入手。在德国对量刑研究颇有影响的塔蒂亚娜·赫

---

④　米夏埃尔·帕夫利克. 人格体 主体 公民——刑罚的合法性研究. 谭淦，译. 北京：中国人民大学出版社，2011：3.

⑤　维克托·塔德洛斯. 刑事责任论. 谭淦，译. 北京：中国人民大学出版社，2009.

恩勒（Tatjana Hörnle）教授，在其博士学位论文中，即承继了冯·赫希教授的理论主张，批评德国最高法院采用的裁量空间量刑理论（Spielraumtheorie），主张行为比例量刑理论。[6] 2009 年在译米歇埃尔·帕夫利克教授的《人格体 主体 公民——刑罚的合法性研究》[7] 一书时，我也注意到，帕夫利克教授特别提到了冯·赫希在报应论阵营中的重要地位。

冯·赫希教授的早年著作《已然之罪与未然之罪》，由已故的邱兴隆教授于 2001 年译成中文出版。[8] 邱教授在翻译这本书时，正在给三年级刑法专业硕士研究生上课。其时刚读研一的我曾去旁听，他当时讲的内容，正是量刑中的该当性。2008 年我去到德国留学，在写作以量刑为主题的博士学位论文时，发现冯·赫希教授参与主编的德文版量刑论文集[9]，才知道在 1999 年 3 月安德烈亚斯·冯·赫希教授就提议，并与马普所的阿尔布莱希特教授、弗莱堡大学的沃尔夫冈·弗里希教授一起，邀请德国、英国、美国、瑞典、瑞士、芬兰等国家的著名刑法学者，汇集在弗莱堡旁的布亨巴赫（Buchenbach），以"行为比例性"（Tatproportionalität）为主题，举行了为期 3 天的学术研讨会。

2017 年，同门杨丹教授到美国芝加哥大学访问，将冯·赫希教授这本刚刚在美国出版的著作邮给了我。我很快就有了译介本书的想法。在此，要特别感谢杨丹教授的帮助。

---

[6] Tatjana Hörnle, *Tatproportionale Strafzumessung*, Duncker & Humblot Verlage, 1999.

[7] 米夏埃尔·帕夫利克. 人格体 主体 公民——刑罚的合法性研究. 谭淦，译. 北京：中国人民大学出版社，2011.

[8] 安德鲁·冯·赫希. 已然之罪还是未然之罪——对罪犯量刑中的该当性与危险性. 邱兴隆，胡云腾，译. 北京：中国检察出版社，2001.

[9] Frisch, von Hirsch, Albrecht, *Tatproportionalität：Normaltive und empirische Aspekte einer tatproportionalen Strafzumessung*, C. F. Müller Verlag, 2003.

在翻译的同时，我开始联系版权。发给教授邮件后，大概有一个月收到没有回音。我个人的经验中，国外学者回复邮件的速度是非常及时的。正在疑惑的时候，我收到了冯·赫希教授在法兰克福大学的秘书贝蒂娜·格特克（Betina Gaedke）女士的邮件，说：教授很高兴地同意我翻译他最近的这本著作，他本人此刻正在美国休假，一段时间内不能使用互联网。在本书定稿前夕，我再次发邮件，想请教授为中文版写一篇序言。格特克女士这次回复说：教授当然会很高兴写信，只不过的是，他现在的健康不好，不能写作，没有办法完成了。要祝愿教授健康！

本书的学术思想的核心概念 desert、deserved，我译成了"该当""该当性"。在与中国社会科学院法学研究所樊文研究员讨论时，他建议说：有无可能将 desert 译成"应得的""罪有应得"？该当何罚（应当承担什么罪过），罪有应得（根据罪行和罪过，受到理应得到的惩罚），罪有应得似乎更好。我的回答是：关于本书的书名，最初的翻译方案就是译成"罪有应得量刑概论"，后来反复推敲，总是觉得罪有应得这个词，在日常生活中太过常见，会让人有一种"前见"，有可能限制对这一术语本身含义的准确理解，丧失对其意义、深度的警惕心，会不会让人有这样一种看法："喔，原本是这样的，原来不过如此。"另外，我刚回国的时候，曾与一位比较知名的刑法学教授讨论中国刑法典第 61 条的量刑根据，这位资深的教授认为，第 61 条中的"犯罪的事实"，当然包含了"犯罪人"的事实，从而可以将累犯、前科这样的人身危险性要素导入。正是因为对"罪"一词可能存在偏差的理解，我在这里没有选择"罪有应得"的译法。是否要将 desert 译成"应得"？我认为，"应得"与"该当"含义是一样的，从音韵的角度看，"该当"更有节律之美。所以，我最终将 desert

译成了"该当"。

一直以来，在我国的刑法理论中，预防都被认为是刑罚的应有之义。冯·赫希教授在英美法域中，从分析实证的角度，结合20世纪中以特别预防为导向的刑罚实践所引发的诸多问题，提出了强调行为严重性的量刑理论，相信它对我国当前的量刑问题研究也是很有益的。

本书的翻译出版，得到了恩师冯军教授的关心和帮助，最后的译稿也得到了恩师精心细致的审校。当然，翻译中存在的一切错漏，都是我的责任。在这些年里，每每想起恩师，心中都有无比的感恩和愧疚。本书的翻译出版，得到了中国人民大学出版社的无私支持和帮助。本书能够呈现出最终的出版面貌，要衷心地感谢中国人民大学出版社编辑对译稿非常专业、高水准的修正意见和大量的审校工作。

谭　淦

二〇二三年二月一日

于德国奥格斯堡大学

图书在版编目（CIP）数据

　　该当量刑概论/（德）安德烈亚斯·冯·赫希著；
谭淦译. -- 北京：中国人民大学出版社，2023.3
　（当代世界学术名著）
　书名原文：Deserved Criminal Sentences：An
Overview
　　ISBN 978-7-300-31524-9

　　Ⅰ.①该… Ⅱ.①安… ②谭… Ⅲ.①量刑-研究
Ⅳ.①D914.104

　　中国国家版本馆 CIP 数据核字（2023）第 044645 号

当代世界学术名著

该当量刑概论

〔德〕安德烈亚斯·冯·赫希（Andreas von Hirsch）　著
谭　淦　译
冯　军　审校
Gaidang Liangxing Gailun

出版发行	中国人民大学出版社
社　　址	北京中关村大街 31 号　　　**邮政编码**　100080
电　　话	010 - 62511242（总编室）　　010 - 62511770（质管部） 010 - 82501766（邮购部）　　010 - 62514148（门市部） 010 - 62515195（发行公司）　010 - 62515275（盗版举报）
网　　址	http://www.crup.com.cn
经　　销	新华书店
印　　刷	运河（唐山）印务有限公司
规　　格	155 mm×235 mm　16 开本　　**版　次**　2023 年 3 月第 1 版
印　　张	13.5 插页 2　　　　　　　　　**印　次**　2023 年 3 月第 1 次印刷
字　　数	152 000　　　　　　　　　　　**定　价**　78.00 元